特色学校聚焦丛书　**丛书主编　杨四耕**

做精神灿烂的教师

教师自我成长的 5 个密码

朱　英◎主编

华东师范大学出版社
·上海·

图书在版编目(CIP)数据

做精神灿烂的教师：教师自我成长的5个密码/朱英主编.—上海：华东师范大学出版社，2020
(特色学校聚焦丛书)
ISBN 978 - 7 - 5760 - 0367 - 3

Ⅰ.①做… Ⅱ.①朱… Ⅲ.①小学教师−师资培养−研究 Ⅳ.①G625.1

中国版本图书馆 CIP 数据核字(2020)第 097011 号

特色学校聚焦丛书

做精神灿烂的教师：教师自我成长的 5 个密码

丛书主编　杨四耕
主　　编　朱　英
责任编辑　刘　佳
项目编辑　林青荻
特约审读　施寿华
责任校对　施泠西　时东明
装帧设计　卢晓红

出版发行　华东师范大学出版社
社　　址　上海市中山北路 3663 号　邮编 200062
网　　址　www.ecnupress.com.cn
电　　话　021 - 60821666　行政传真 021 - 62572105
客服电话　021 - 62865537　门市(邮购)电话 021 - 62869887
地　　址　上海市中山北路 3663 号华东师范大学校内先锋路口
网　　店　http://hdsdcbs.tmall.com

印 刷 者　上海华顿书刊印刷有限公司
开　　本　787 毫米×1092 毫米　1/16
印　　张　11
字　　数　160 千字
版　　次　2020 年 7 月第 1 版
印　　次　2024 年 4 月第 4 次
书　　号　ISBN 978 - 7 - 5760 - 0367 - 3
定　　价　34.00 元

出 版 人　王　焰

(如发现本版图书有印订质量问题,请寄回本社客服中心调换或电话 021 - 62865537 联系)

好学校的性格色彩

这些年,我与中小学、幼儿园有许多"亲密接触"。从这些学校中,我发现了一个"秘密":好学校总有自己的性格色彩,总有自己的精神属性。

好学校有丰富的颜色

好学校一年四季都有风景。春天,你走进它,有各色花儿,红的像火,粉的像霞,白的像雪。夏天,你置身其中,绿草茵茵,就算骄阳似火,也有阴凉。孩子们可以踢球、打滚,可以任性。秋天,你老远就可以看到,枫叶红了,橘子黄了,婀娜多姿;冬天,你靠近它,香樟绿环绕着你,垂柳枝笼罩着你,你不会觉得单调。当然,环境的价值不在于"装扮",而在于让心灵沉静,让生命多彩。它是生命哲学的演化,是内心深处的讴歌与赞美。法国思想家卢梭说教育的核心是"归于自然"——回归"自然状态",回归人之原始倾向。善良总存在于纯洁的自然之中。好学校总是拥有自然的纯净与原始美,它努力让孩子们与美好相遇。静谧,美好——好学校是温润的。

好学校有足够的成色

成色是衡量一所学校教育境界的一个指标,是一所学校的"育人"含金量。如果一所学校的含金量定位为考试成绩,它的成色就是混浊的;如果一所学校的含金量定位为立德树人，它的成色就是清纯的。黎巴嫩诗人纪伯伦说过："我们已经走得太远，以至于忘记了为什么而出发。"教育是为着我们不曾拥有的过去，为着我们不曾经历的当下，为着我们不曾想到的未来。教育之原点在激发想象，而不仅仅是学习知识；教育之原点在发展理性，而不仅仅是讲授道理；教育之原点在鼓励崇高，而不仅仅是理解规范；教育之原点在丰富经历，而不仅仅是掌握技艺；教育之原点在温暖心灵，而不仅仅是强化记忆；教育之原点在强健身心，而不仅仅是发展智能；教育之原点在点亮人生，而不仅仅是预知未来。回归原点，是好学校的立场。不功利——好学校是纯粹的。

好学校有优雅的行色

优雅是让人向往的，有来源于生命本身的气质。每一个人都行色匆匆，孩子们被课业压得喘不过气来，教师被成绩比较而形成优劣阵营，这样的学校就不会是一所好学校。什么是好学校？孩子们表情舒展，教师们精神敞亮——每到一所学校，我总喜欢以这样的眼光去观察师生的生命状态。我发现，在好学校，孩子们的脸总是明晃晃的，有美好期待；教师的行色总是从容优雅，有专业自信。女孩子沁人心脾，男孩子风度翩翩，生命在人性层面焕发出动人光彩。一句话，每一个生命都自然而然地生长，这里有一种难以言说的气息在校园里弥漫开来、传播出去。面对此，我只能说：好学校是舒展的。

好学校有鲜明的特色

办学特色是一所学校整体呈现出来的系统性特征，集中表现在基于学校文化的课程体系。学校办得好不好，不在于规模有多大，而在于特色是否鲜明，是否有足以体现自己文化的课程架构。好学校行走在有逻辑的课程变革之路上，努力让学校课程富有倾听感，关注学生的学习需求；拥有逻辑感，建构严密的而非拼盘的课程体系；嵌入统整感，更多地以整合的方式实施而非简单地做加减法；饱含见识感，以丰富学生的学习经历为取向；提升质地感，课程建设触及课堂教学变革，课堂教学呈现出新的文化样态。一句话,好学校课程目标凸显内在生长,课程内容突出学习需求,课程结构强调系统思维,课程实施张扬生命活性,课程评价与管理彰显主体向度。好学校关注学习方式的多变性和场景性、学习时间的灵活性和可支配性、学习空间的多元性与舒适性、学习资源的丰富性和易得性,让所有的时空都成为课程场景,让孩子们学习作品的形成、展示、发布、分享成为校园里最美的景观,让时空展现出生命成长的气息和灵动。是啊,好学校有生命里最美好的记忆。

好学校有厚重的底色

　　厚重的底色不在于办学时间长短,而在于拥有强烈的文化自信。进入学校,我喜欢看墙上的"文字"。多年经验告诉我,文化不在墙上,很多时候,墙上的文字越多,学校的文化含量越低。道理很简单,大量文字堆放在墙上,说明这种文化还没有被老师们普遍认同,更谈不上内化于心、外化于行;说明这种文化还缺乏影响力,还没有被大众广泛接受,需要宣示和传播。一所学校是否拥有自己的教育哲学,是否拥有自己的教育信仰,是它"底色"如何的重要侧面。毫无疑问,好学校应该有自己的教育信仰。但是,教育信仰不是文字游戏,不是专家赐予的东西。信仰是从内心深处生长出来的,是从脚底下走出来的,是从指尖流淌出来的,是慢慢地生长、慢慢地走出来、慢慢地流淌出来的东西。唯有"慢慢地"才能"深深地","深深地"才能"牢牢地",扎下根来,进入我们的灵魂,融入我们的血液,成为我们生命的构成,成为我们前行的力量。文化总是无言或少言,但让人作出判断和选择。好学校,你一走进去,一种向往感、追慕感、浸润感便油然而生。因此,好学校是柔软而有力的。

　　美国思想家梭罗在《种子的信仰》一书中把好学校比喻为"一方池塘",每一个孩子在其中如鱼得水,自由自在,这就是"回归自然"的状态。不是吗?好学校总是这样的——温润,纯粹,舒展,美好,柔软而有力——这也是本套丛书聚焦的一批学校的性格色彩。

杨四耕

2019 年 5 月 30 日于上海市教育科学研究院

目 录

　　修炼师德，做最美的微笑教师。微笑是一种发自内心的肢体语言，给人温暖，使人安定，让人渴望。会微笑的教师是智慧的教师，他们用形象和表情拉近与孩子的距离，他们用专业自信吸引孩子，他们用专业态度影响孩子。他们善于用智慧创造出体现自己个性的教学艺术和教育场景，通过不断深化自身的人性美，从而达到一种崇高的精神人格。孩子喜爱微笑的教师，这种温暖的智慧之美和人格之美深深吸引着他们，在他们幼小的心灵中烙下深深的印记，成为他们成长路上的精神灯塔。

　　课堂是智慧生长的地方。"皮革马里翁效应"告诉我们，积极期望的态度是赢家的态度,相信自己和孩子是课堂变革的基础,持续的变革行动力可以创造奇迹。课堂是一个复杂的系统,教师从自己的专业视角去引领学生发现未知世界,创造无限可能,从四四方方的课堂走向自然、社会大课堂中;从薄薄的教科书到宽敞的图书馆;从静悄悄的校园到人声鼎沸的菜市场……每一次经历都创造着神奇的课堂,每一种课堂都是精彩的文化相遇和智慧碰撞,每一堂课都是一种别样的旅程和必然的等候。

第 3 个密码　项目负责:在团队中寻找个人坐标 / 57

有一种成长叫作"我曾经亲历过",有一种信任叫作"你能行",有一种担当叫作"让我一起来"。教师生命成长的周期是有限的,但是找准人生坐标而为此奋斗所产生的价值是无限的,这种能量能够催化教师对职业的认同感、亲近感和创造力,有一种化腐朽为神奇的力量。项目负责制实现了从"要我成长"到"我要发展"的心路历程,从一个人行走到一群人同行的向心力,从眼中有教材到心中有课程的教学境界的升华,从眼中有孩子到心中有未来的育人观的提升。

第4个密码 智慧众筹：打造高素质的班主任队伍 / 97

　　班级是所有社会组织中最微小的单位，也是一个最复杂而庞大的组织，有着研究不完的课题。读懂每个孩子，了解每个家庭，需要智慧和勇气，需要信念和坚持。聚焦目标，智慧众筹，让每一次学习都能成为一种价值创造的过程，在思想与思想的交换中获得增值，在思维与思维的碰撞中产生裂变式生长，在创造的过程中实现"互助"，在"互助"中共同创造、一起成长。用心灵滋养心灵，以智慧启迪智慧，让行为影响行为，在共同经历中互为学长。

第5个密码 课题研究：让教师成为研究者 / 127

　　每一个孩子都是一本精彩的书，每本书都有其自成一体的体例，每一次教学都是一场智慧共生的过程，读懂孩子这本书，是教育教学每天应该研究的事情。不断砥砺真正必要的东西,下决心剔除不必要的东西,可以说这是教师应该追求的工作和生活方式。把视角聚焦儿童、聚焦课堂、聚焦教与学的方式,教师就能发现自身的价值,用专业知识支撑教育行为,用科学态度和方法重构课堂,就产生了课题、研究和成果。在行动中研究,在研究中提升,在提升中满足,相信每位教师都能成为研究者。

前　言

发现教师专业成长的密码

　　三尺讲台赋予教师的意义是崇尚真理,追求真、善、美的和谐统一,教师生涯是一种美好的生命体验。美好在于永远拥有一颗柔软而年轻的心,在于能一路欣赏不同的人生风景,在于能在期待的目光中获得尊崇的礼遇,在于白首回眸时依然有人记挂你,在于你的人生中融入了无数孩子人生的一部分,你也成为了他们人生的一部分。生命就显得神圣而丰满,且弥足珍贵。

　　纵观教师专业发展研究的历程和当下普遍采用的方式,都是从宏观层面和普适层面进行推进,从教师个体需求出发,关注其发展需求自主性的研究鲜有论述和实践。很多学校也对教师专业发展做过大量研究,通行的实施方式以规划型为主,这种专业发展规划往往明确为在一定时期或区间内对教师专业发展的刚性指标,是一种指令性要求和整体性要求,通常由教师专业发展三年(或五年)规划、教师专业发展档案袋和教师专业发展的整体性建构三部分构成,从管理层面上改变了教师专业发展的盲目性和盲从性,提高了教师专业发展的组织化程度,在推进教师专业发展的方式上起到了积极的作用,也取得了一定的成效。但是,不可否认,从教师自身的角度来看,这种规划具有外需性、受动性和低效性的特征。从实际操作效果来看,其覆盖的是全体教师或指向于某一类教师,处于外需规划的教师普遍认为是学校或行政主管部门硬性强加的,不得已而为之,而且有些目标过高、很难企及。因此,我们要从深层次上反思教师专业发展的内需性并强化这种内需性,和教师一起重构专业成长的密码。

　　在过去的十多年时间里,我们学校在教师专业发展方面做了大量研究,也积累了很多经验。但是，回顾过往，我们发现仍然缺少具有针对性和内需性的研究，对教师专业发展的促进不够，教师专业发展速度缓慢。2016年，我们开始尝试"小切口、聚焦式"教师专业自主发展机制的研究，这是对十多年来我们所做研究的剖析、反思和深入，更具针对性、适切性和独创性。通过全样本调查研究，我们发现老师们对自我定位和发展需求呈现出了空前的差异性、丰富性和多样性。面对现状，我们对教师专业发展的需求进行梳理、归类、分层，针对不同年龄段、不同学科段、不同学段以及教师在专业领域和未来发展的自我评估，将其分为璞玉、琢玉、润玉和美玉四类，制订了"四玉教师"分层培养计划。细化"璞玉计划"、"琢玉计划"、"润玉计划"和"美玉计划"的培养内容："璞玉计划"重教学常规，扎实基本功；"琢玉计划"重突破，找准抓手；"润玉计划"重完善，强化技术；"美玉计划"重特色，塑造风格。搭建"四玉教师"展示平台："璞玉教师"才俊日，是为年轻教师搭建的历练舞台，每学年一次，通过自主申报，展示其在教育教学成长阶段的成果，树立里程碑，打造个性品牌。"琢玉计划"教师个人技能赛，从说、写、上、评、研等不同维度，考量教师个体和团队在各自发展领域中取得的成果。"润玉教师"教学与课程展示，以项目制的方式每年通过双向选择，以任务驱动，课堂或课程展示的形式进行自我检阅，接受同伴评议。"美玉教师"风采展，每学年一次，以论坛、课堂教学、讲座的方式，宣讲其教学主张，展示班队管理、教学实践、教学研究等方面的成效，突出理念引领、特色带动。在"四玉教师"的管理上，我们采用个案研究，选取每个层面不同的个体进行课堂追踪、对话访谈、资料搜集、图标分析，解析其成长密码。

在"我的成长我做主"的教师培养理念指导下，根据教师最近发展区，力求在一定范围内，为不同需求的教师提供个性化和多样化的培训，促进教师主动学习、激发潜能，促进成长；通过专家面对面指导的方式，帮助教师做好生涯发展规划；成立教师专业发展研究中心，通过帮一帮、扶一扶、推一推的方式指导教师专业成长。经过三年的实践，我们成效最显著的是标杆引领制和项目负责制。所谓标杆引领制，是指通过搜集标杆教师的课堂教学案例实录、教育教学研究成果、论坛讲座等，剖析其教育思想、尝试其教育教学方法策略、推广其教育教学研究成果，帮助教师充分考虑自己的专业背景、发展需求，从而寻找到一种属于自己的教育思想、方法策略、课程模式，将其凝练成自己的"主张"，开发自己的课程、形成自己的建模、彰显自己的特色风格。项目负责制，是指通过做事赋予责任、授以权利、履行义务，通过实践提升理论水平，再以理论指导实践，从而形成教师专业发展螺旋式上升的良性循环，其优点是能最直接有效地通过做事的方式提升教师的课程领导力和课程执行力。教师对自主发展的目标更加明确，路径也更加清晰。

通过研究我们发现，重构教师专业成长密码的关键在于学习力的持续提升。美国教育家奈勒认为，实现任何有价值的目的，都需要一种自我约束和自我控制能力。自我实现要求有自制力，如果没有外铄的纪律就不能养成自制力。教师专业发展的持续动力也是需要自制力约束的。外部世界是多元的，而且教师个体在成长过程中也会受到恋爱、婚姻、家庭、健康、收入等外部因素的影响，这些因素或者制约着教师发展，或者推动着教师成长。因此，在学校管理的过程中，设计者要充分考虑各种影响教师专业成长的因素，规避不利因素，发挥有利因素，充分利用有利的外部因素促进和激发教师自主成长的内在动力，这样才能保持教师的可持续发展。成就教师的最好方式是推行"智者为师"的举措。转变教师角色，让受训者成为培训者，能有效提升教师的学习力。2016年，"微笑教师"专业发展项目被列为学校年度六大项目之一，其内容包括编制"微笑教师十项教艺修炼课程"方案，招募"青年教师基本功培训"负责人和"教学微视频制作培训"负责人，并完成两项培训任务。通过委任制，学校邀请葛涛老师和项利华老师分别承担了两项任务，葛涛老师承担了青年教师"三字"能力的培训和考核，项利华老师完成了对全体教师的微视频制作培训任务。2017年和2018年，我们把"小切口、聚焦式"教师专业发展项目列入学校十大重点项目之一，先后完成了"教师思维导图应用研究实例20例"、"教师微信编写技术实训手册"、"我与熊孩子们——紫小教师师德小故事"、"我的教学一得、一法、一招"、"标杆教师资源包"等课程培训。项利华、管震、张京芬、王燕、韩燕敏等老师成为了这一轮教师培训的主创者和主讲人。因为培训师就在老师们身边，可以随时随地进行个性化指导，有效地提高了培训的实效，教师们不断变化的需求和专业成长的速度也成为了培训者成长和发展的动力和新目标。在学分赋值方面，我们加大了对培训者的奖励，"智者为师"的培训机制初步建立，"智者为师"、"能者为师"、"勤者为师"，开启了学校教师专业培训的新模式。

讲述成长故事，为教师的每一次成长点赞。有计划地落实教师培训计划，阶段性组织自我评估和自我修正，组织课堂展示、骨干教师论坛、青年"才俊日"活动、项目汇报，通过各种形式讲述精彩的成长故事。每一个故事折射出了大家对自我的否定和信念的重铸，无数次的失败妥协与坚韧坚持，无数次智慧众筹与规则废改，无数次执着追求和相互成就，仿佛一朵云推动另一朵云，一个灵魂唤醒另一个灵魂。对每位教师而言，因为亲历每一个过程而有更真切的领悟，教育管理需要信任、理解、支持、协作和相互成就。我们接受马斯洛的需要层次论，理解教师对生存的基本需要，包括对薪酬、福利、工作环境待遇的需要；安全的需要，对人身、生活稳定、疾病威胁等的需要；社交的需要，对友谊、爱情、亲情以及师生关系、家校关系、社区关系的需要；尊重的需要，教师对基本权利和社会地位的认可，他人对自己的认可和尊重；自我实现的需要，教师的自我定位、自我规划、自我潜能发展后内心获得的满足，这种积极向上的心理感受激励着教师不断追求自我价值的实现。尊重和理解教师在成长过程中需求的多样性，为其实现这种需求提供必要的条件，创造可能的机会，发展最近发展区，为他们的每一次成长加油点赞，促进其不断追求自我完善和实现自我价值。

历时三年的研究，我们以此为契机，不断寻求蜕变的时机，在化羽成蝶的过程中有质疑、有失落、有冲突，也有鼓励、有期待，旅程中的每一次失败都化为攀登的动力。总结过往，我们收获颇丰。基于教学主张的行动改进更具理性，每一位教师都努力成为精神灿烂的人，教师成长的速度在加快，对学校文化的认同感显著提升。教师在自己所涉及的领域取得了丰硕的成果，一支专业自信、合作自动、发展自觉的专业队伍成长起来，学生的学习力、创造力和表现力也持续提升。

我们始终相信，每一个生命的成长都值得尊敬，对儿童如此，对教师亦是如此。教师始终是学校发展和教育发展的第一生产力，没有教师的发展也就没有学生的发展和学校的发展，和教师一起重构专业成长的密码，其乐无穷。

朱　英

2019 年 6 月写在紫荆园

第一个密码

标杆引领：向师德榜样学习

修炼师德，做最美的微笑教师。微笑是一种发自内心的肢体语言，给人温暖，使人安定，让人渴望。会微笑的教师是智慧的教师，他们用形象和表情拉近与孩子的距离，他们用专业自信吸引孩子，他们用专业态度影响孩子。他们善于用智慧创造出体现自己个性的教学艺术和教育场景，通过不断深化自身的人性美，从而达到一种崇高的精神人格。孩子喜爱微笑的教师，这种温暖的智慧之美和人格之美深深吸引着他们，在他们幼小的心灵中烙下深深的印记，成为他们成长路上的精神灯塔。

有诗人曾经这样形容教师：黑发积霜织日月，粉笔无言写春秋。的确，教师是人类文化科学知识的传播者，是学生成长的引路人，因此人们把"人类灵魂的工程师"的崇高称号给予人民教师。教师是学生身心发展过程的教育者、领导者、组织者，教师工作质量的好坏关系到一代代人身心发展的水平和民族素质提高的程度，从而影响到国家的兴衰。而师德规范是为师之本，它是教师和一切教育工作者在从事教育活动中必须遵守的道德规范和行为准则，以及与之相适应的道德观念、情操和品质。

在师德修炼方面，学校以建设一支高素质教师队伍为目标，以爱岗敬业、教书育人为核心，丰富师德建设内容，创新师德活动形式，引导广大教师自觉履行教书育人的神圣职责，做"微笑教师"，创造良好的教书育人环境。

一、微笑论坛，树立标杆

什么样的教师是"微笑教师"，每个人的心目中都有一个标准。学校举办的"微笑论坛"上，组织老师们讨论紫荆小学"微笑教师"的评选标准，教师形象跃然纸上。在学生心目中，"微笑教师"也有不同的标准，怎样的老师他们最喜欢，怎样的教师用语他们最喜欢或是最不喜欢听。论坛上，老师们通过电视台采访学生的视频，以及大队部汇总的调查资料，了解了学生的想法。学校也希望通过这样的方式让教师们对自己的工作、对自己的形象有更明确的定位和反思，在此基础上形成了紫荆小学"微笑教师"的十条标准。学校还通过微笑论坛，开展先进模范教师与师德榜样的学习交流活动，让师德规范深入人心，让师德规范成为每一位教师遵循的准则，让"微笑教师"成为每一位教师追求的目标。

二、师德承诺,践行规范

"桃李不言,下自成蹊",良好的师德形象让教师能够真正成为学生信赖的师长,让他们能够在教育教学的实践中达到"润物细无声"的理想状态。为了达到这一目标,学校创作了"紫荆小学教师微笑誓词",将其公布在学校大厅宣传墙、橱窗宣传栏等醒目位置,还将誓词写入了学校宣传手册。营造宣传氛围的同时,更是对全体教师践行师德规范的善意提醒。九月的教师节,新入职的青年教师会庄严宣誓入职,并且和全体教师一起朗诵"紫荆小学教师微笑誓词",将师德承诺铭记在心。暑假和寒假之前,学校还会组织教师签订《遵守〈严禁中小学校和在职中小学教师有偿补课的规定〉承诺书》,提醒和监督教师不要触碰底线。年度考核总结中,学校要求每位教师要对本人履行师德的责任和义务情况进行陈述小结,对违反师德的行为在年终考核中予以处罚。

三、榜样评选,弘扬典型

每年五月,学校都会进行年度"微笑教师"的评比,从敬业爱岗、业务学习、服务群众、家校沟通等方面,对一年中表现突出的教师进行表彰。通过评比十大"紫荆之星"微笑教师,树立和表彰师德典型。学校还组织部分教师开展师德小故事征文活动,将身边优秀教师在教育教学工作中的事迹记录下来,并集结成册。"微笑教师"的评比,弘扬了优秀教师爱岗敬业、教书育人、为人师表、热爱学生、诚实守信、无私奉献的高尚品质,引导教师自觉学习、自我锤炼,努力形成"人人争做师德模范"的良好风气。

在开展评比活动的基础上,学校充分利用教师大会、微信平台、学校宣传册、宣传橱窗等阵地,对学校的骨干教师和微笑教师进行宣传表彰,利用升旗仪式宣讲优秀教师事迹。通过树立榜样,弘扬先进,在全体教师中形成崇尚模范、争做标兵、见贤思齐的价值导向;倡导尊师重教社会风尚,营造良好社会舆论环境。

四、完善制度，综合评价

在师德师风考核工作中，学校按照工作要求，坚持标准、严格程序，采取教师个人自我评价、家长和学生问卷测评、社区座谈会听取意见、考核工作小组综合评定等多种方式进行，确保师德师风考核工作的客观、公正。另外，学校将平时考核和年底考核相结合，学年末，将教师在师德师风方面取得的成绩或违规情况、师德师风考核情况等，一并纳入教师师德师风档案。

学校制定了与社区教育联席会议制度、家委会驻校办公制度与列席行政例会制度、校长信箱和党员教师进社区等制度，由学校、教师、学生、家长和社会共同参与，通过自律与他律，实现师德建设监督的全覆盖、全方位、全过程。学校建立诚勉谈话制度，发现教师在师德师风方面有不好的苗头和倾向性问题时，党支部书记及时对其进行诚勉谈话，杜绝体罚或变相体罚学生、有偿家教、推销教辅材料、违规收受学生及家长礼品、礼金以及宴请等不文明从教、不廉洁从教问题。

"站三尺讲台，传李杜韩柳诗文；握一支粉笔，授天文地理知识。"教师是人类文明火种的传递者、人类文化的播扬者，肩负着继往开来的责任，而师德是教师的灵魂，师德建设应是教师队伍建设的永恒主题。"学高为师，身正为范。"高尚的师德是对学生最生动、最具体、最深远的教育。有了教师的师德与教师精神的强健，学生的人格才会健全、精神才会丰满。有了道德的规范，师魂才会凝聚起力量，才能为教育铸魂立根。

（执笔：王燕）

⚑ 实践智慧 1–1　孩子是最美的花朵

"笃、笃、笃"……

"请进!"我没有停下手中的笔,更没有抬起头,案头工作太多,我都忙得有点找不到北了。

"张老师,你还来吗?"一个甜甜的声音传进了办公室,是小末儿的声音。

"末儿,有什么事吗? 叫我去干什么?"我一时莫名其妙,不由抬起头看着她,当时的我一脸迷茫。聪明的小末儿一定读懂了我的表情,刚才还兴高采烈的小脸蛋上马上写满了失望。

我意识到自己说错话了,甚至比说错话还严重。我终于停下笔,起身走向呆呆地站在门口的末儿,弯下腰扶着她的双肩,一起坐进了沙发里。

我轻轻地问:"末儿,告诉老师,你要老师去做什么? ……"我本想继续跟她解释:这几天老师实在太忙,可能把答应过你的事情忘了。但我打住了,我发现小末儿的眼里有泪花,晶莹的泪花,我再次感到了事情的严重。

在这些孩子面前,我一直是很自信的,我知道他们喜欢我,他们也知道我爱他们每一个。尤其是小末儿,她是语文课代表,课上课下,我们始终合作得很愉快,她是我的小助手。

孩子们说我是一个爱笑的老师,这也是他们喜欢我的原因之一。小末儿的泪花使我有点不知所措。本想用她喜欢的笑容来安慰她,可是我却笑不出来。

"张老师,你明明答应今天来参加我们班的圣诞联欢的,还说要给我们表演节目,可是……"小末儿一口气说出了心中的委屈。天哪,我还真把这事给忘了。

两天前,就在这儿,一群乐呵呵的孩子要我教他们写圣诞联欢的邀请书,他们犹如一群欢快的小鸟,叽叽喳喳地围在我身边,看着我在网页上收集图样。当时他们那一张张喜悦的小脸、一阵阵活泼的笑声着实把我感染了,我和他们一起笑着,笑得好开心、好满足。就是这个小末儿,她拉着我的衣服,认真地叮嘱:"张老师,你一定要来!""对。一定要来!""一定要来!"她的话引起了一片呼应。我情不自禁地非常认真地答应他们:"来,一定来!"

就在今天上午去上课时,我远远地就发现教室被装扮过了:窗玻璃上沾着雪花、墙上贴着圣诞老人、天花板上挂着气球……虽然布置得很幼稚,但却处处流露着孩子们的用心。孩子们一个个都显得异样兴奋,脸上都洋溢着节日的喜悦,连那声"老师好"也喊得格外响亮甜美。调皮的小天,还自豪地跟我说起他是怎样把气球挂上天花板的。

这次联欢凝聚了孩子们多少心思、多少快乐、多少期盼啊!可是,这么认真答应的事,这么一定要做的事,却被我忘得一干二净。别说孩子们不肯原谅我,就是我自己也不能原谅自己啊!一时间,我就像一个犯了错的孩子,不知该怎么跟末儿说。

"乖末儿,不哭不哭。"我一边帮小末儿拭去眼泪,一边说,"都是老师不好,怎么能把答应你们的事情忘了呢?这么重要的联欢老师怎么能不参加呢?我马上就去,好吗?"

小末儿顿时笑了,那张可爱的小脸又神采飞扬了,含着泪花的双眼也更亮了。她马上从我腿上滑下,站起来拉着我的手说:"走!快走!他们一定等急了。张老师,你知道吗?我们专门为你准备了节目呢!"

多么天真的孩子,多么纯洁的心灵啊!我再一次被一颗,哦,不,是一颗颗幼小的心灵深深地打动,再一次刷新对"孩子是永远的花朵"的领悟。是啊!只要我们用一颗热诚的心去真诚地面对孩子,一定会给他们小小的心田洒下灿烂的阳光。这不正是我们为人师者所孜孜追求的吗?

在走出办公室的一刹那,我望了望摊了一桌的资料和表格,微微一笑,又有一个忙碌的周末在等着我了。但是,刚才因事务繁忙而乱糟糟的心情,现在反而轻松了许多。

(执笔:张京芬)

🚩 实践智慧 1−2　阳光下的漫步

　　一直很欣赏那句名言——蹲下来看孩子。教育者要蹲下来和孩子保持一样的高度，以孩子的眼光看问题、看世界，这样才能真正尊重孩子、理解孩子，也只有在这样的前提下，教育者才能更有心去主动地创造更充裕的时光和空间，去了解、剖析、关爱孩子，为孩子带来最适合的教育。作为一名有着 30 年教龄的教师，我更是深谙其道。

　　"在我的小学时光里，您是我最最敬爱的老师。不仅因为您是我们的班主任，更因为您是见证了我们 3 班的成长、像母亲般呵护我们的好老师！……"

　　教师节前夕，读着刚毕业的学生寄来的书信、贺卡，心底洋溢着的是满满的幸福与骄傲。确实，五年的朝夕相处，不仅见证了孩子们的成长，更见证了孩子们日趋成熟的思想，见证了那份不一般的师生之情……

　　那是一个暖暖的冬日午后，我刚由食堂吃罢午饭出来，正好遇到"四朵金花"（一年级时就这么叫她们了）从学生食堂结伴而出。或许，那天的阳光格外灿烂，正巧又看到在跑道上悠闲地散步的几位老师，我便建议："怎么样，陪张老师一起到操场上散散步吧？"她们不仅欣然接受，更是欢呼雀跃。"四朵金花"都是班干部，日常的班级管理在她们的带领下进行得有条不紊，在班级中的威信挺高，和我也走得挺近，可一旦我"严肃"起来，她们还是有点害怕的，"一起散步"的待遇也是头一回。

　　于是，伴着和煦的阳光，"四朵金花"兴奋地在我耳畔开启了"叽叽喳喳"的漫步之旅。

　　"张老师，你知道吗，我爸爸在家里最懒了，什么事也不做的！"小金吐槽起自己的老爸来了。

"张老师,你昨天穿的运动装,感觉很不一样哦!"小毓竟然关注到了我的穿着。

"张老师,小黄最喜欢小毓了,有一次,因为小颉说了小毓一句坏话,小黄和小颉差点打起来呢!"

"对的对的,我也看见了!"诗诗和小顾争着告诉我这个秘密。

……

很多平时不了解的信息,此时,从她们的口中汩汩而出。

说到曹操,曹操就到。她们口中的小黄,经过操场时看见了跑道上的我们,竟也跑过来加入了散步的行列,或许是因为那个小毓在场吧。小黄是个挺聪明的男孩,但学习上的自觉性不够,时常有做作业拖拉的习惯,和同学之间也总有吵吵闹闹的不和现象。想来,小毓是不会很喜欢他的,我倒要看看他会有什么表现。谁知,他却很自然地加入了"四朵金花"和我的聊天队伍。我故意提起他和小颉之间的不和,他也大方地承认了,还把事情的原委说了个一五一十。我挺欣赏他的坦率,即便一旁的小毓有些不屑,他也毫不在乎。

就这样,我们沿着塑胶跑道溜达了两圈后,各回各巢,相约明天继续。

第二天中午,我才出食堂的大门,就看见了"四朵金花"的身影,原来她们已经等候多时了。于是,延续昨天的"叽喳之旅"。还没走几步,小黄拉着"小哈利·波特"——这是我给小阙起的昵称,可见我对他的喜爱。他曾自诩是班中情商最高的学生,有时我也会为此揶揄他几句——一起加入了我们的饭后漫步。话题也是五花八门。

一圈后,"话唠"小段和两个大胖小子也加入了进来,耳边更是不得"安宁",我却也因此听到了孩子们更多的心声。

"阳光下的漫步"陆续进行着,队伍也日渐壮大,有几个平时和我不敢怎么亲近的学生也在好朋友的怂恿下加入了进来……

期间,曾和小黄单独谈过话,告诉他想要别人喜欢自己,只有让自己变得更出色。他付诸行动了,变化也真切可见:和同学之间的摩擦越来越少了;学习也认真了不少,因为小毓是我班公认的"写作高手",他也在写作文上花了不少功夫,进步明显,我也十分欣赏,对他钟爱有加;在班干部的竞选中,他积极参与,还当选了小队长一职。

"阳光下的漫步"不过几次而已,师生之间的感情却有了突飞猛进的发展,毕业之际,那份依依不舍更是情不自禁。

　　对学生而言,我们是良师,是益友;是慈母,是严父。我们用心灵去赢得心灵,用爱去交换爱。教育在闲庭信步中潜移默化,情感在闲言碎语中得到升华。

　　换一种方式,换一个角度,蹲下来看孩子。"师道尊严"不再是一种威慑,而是一座能在师生之间架起的信任的桥梁。

　　"亲其师,信其道,受其术"的效果,或许也能如此诠释吧!

（执笔：张爱军）

实践智慧 1–3   从"你们"到"我们"

"你们怎么回事,我上课讲得那么清楚,交上来的作业还是错?"

"静一静……静一静……全校都能听到你们的吵闹声!"

"能不能好好动动脑筋,这么简单的问题你们都回答不出……"

这是我刚接手这个班时,经常在教室里蹦出的句子。的确,纪律涣散、思想走神是这个班课堂上大部分孩子的常态。一下课则三五成群嬉笑打闹,仿佛来到学校只为了这课间十分钟的放松。每天都有五六个孩子交不出回家作业。第一次词语小测试,成绩可以说是"惨不忍睹",基本都在优秀等第以下。于是乎,我也变得十分焦虑,每天在教室里如河东狮吼般,妄图以高压姿态来对付这帮"熊孩子"。可惜,一个多星期下来,我是头晕脑胀嗓子哑,而他们非但未在学习上有所改善,反而见了我如同惊弓之鸟,常常一听到我的声音或是一见到我的身影,就躲得远远的,唯恐避之不及。

"如果不能让你的学生喜欢你,那么,也许他们就不会喜欢你教的这个学科。"这是我在多年的教学工作中得出的经验。看到孩子们惶恐的眼神、躲避的目光,我有些难过和后悔,心想如果不改变教育的态度与方法,便不能走近孩子的身边,更不能走进孩子的心里,也必然收不到良好的教学效果。改变,势在必行。

一天,我走进教室,发现上一节课的板书没有擦掉,便随口说道:"谁能帮我擦一下黑板,待会我们上课还要用呢!""我来!""我来!""我来!"原本还有些吵闹的教室里一下子举起了好几只小手,还有一个孩子边嚷着"我是值日生,我来擦"边跑到黑板前擦了起来,引来其他孩子一阵善意的笑声。不知怎的,这笑声让我的心一动,脱口而出:

"现在这块黑板属于我们的了，不用白不用，我们一起把它写满好不好？""好！"不仅仅是异口同声，还有满场期待的目光。这一堂课上得出乎意料地顺利，除了事先设计的板书，我还把孩子们发言中精彩的话语都写在了黑板上。因为发言太踊跃，一节课结束，孩子们竟然都不愿意下课，仍然举着手不肯放下。课堂上的气氛还延续到了课后的作业中，当天的作业在放学前全部交齐，可以说是破了开学以来的记录了。

改变，往往只需那么一点点。

课堂上，我使用频率最高的句子是："我们一起来找找作者的语言当中蕴含的意思。""我们一起来读一读。""比一比，谁是我们之中的火眼金睛。""谁能够来为我们解决这个问题？""我们都来为他点赞。"……

面对问题学生，我也不再单纯地指责，而是细致地了解产生问题背后的原因，提供有效的建议和监督。"有困难吗？让我来帮你，我们一起来克服。""我们一起来找找原因。""相信我，我们一定能做到。"……

改变，往往不需要很长的时间。

一个多月下来，课堂上发呆走神的孩子少了，而且他们常常会为了一个问题的答案而争论不休，很多时候为了让他们畅所欲言，我不得不改变教学的进度。课间，他们也会在完成作业之余，和我聊他们的游戏，八卦一下班中小伙伴的"趣闻轶事"。有意思的是一些原来所谓的问题学生，见到我也不再闪躲，而是会很主动地告诉我："王老师，昨天的回家作业我早就交了哦。""王老师，上一次我写的作文能得星吗？"……不完成回家作业的情况在将近一个学期后也基本杜绝。

从"你们"到"我们"，改变的是教师的心态。

一字之差引发的改变，让我更明确了教师应该要树立正确的学生观，师生之间不是对立关系，需要的是教师对学生的认同。每一个孩子都有着独立的人格，有着不同的性格。他们不是冷冰冰的机器，无法成为一个模子里刻出来的样子。教师要认同孩子身上可能存在任何优缺点，认同即使是未成年的孩子同样有自己的思想和行为准则。他们需要的是指引，而不是指责。只有这样，你才能根据学生的不同经历、特长和需要进行相应的教育，才能真正做到因材施教、有教无类。

从"你们"到"我们"，改变的是教师的姿态。

一字之差引发的改变，反映的是教师对学生不应是高高在上，而是应该平等对待。教师与学生不是你强我弱，而是携手合作。有学生曾这样评价以前的班主任："她从来不肯好好听我们说话。"于是他便用各种破坏、发脾气来发泄他的情绪。而现任班主任的一句"希望我们能成为最好的朋友"，不但让他改变了以往的任性行为，而且还成为班级管理的小助手。由此可见，能够让学生需要和信任的不仅仅是权威的老师，而是愿意倾听的朋友。即使你不能成为他最好的朋友，也应该做一个善于倾听的人，让学生能够感受到他被尊重、被重视、被关心。我想，一颗被温暖的心，回馈的也必定是温暖。

　　愿我们，都能在教育之路上收获更多的希望与感动！

（执笔：王燕）

第2个密码

专业引领：把握课堂教学艺术

课堂是智慧生长的地方。"皮革马里翁效应"告诉我们，积极期望的态度是赢家的态度，相信自己和孩子是课堂变革的基础，持续的变革行动力可以创造奇迹。课堂是一个复杂的系统，教师从自己的专业视角去引领学生发现未知世界，创造无限可能，从四四方方的课堂走向自然、社会大课堂中；从薄薄的教科书到宽敞的图书馆；从静悄悄的校园到人声鼎沸的菜市场……每一次经历都创造着神奇的课堂，每一种课堂都是精彩的文化相遇和智慧碰撞，每一堂课都是一种别样的人生和必然的等候。

P 实践智慧 2－1　别样的课堂

P 实践智慧 2－2　从课本走向舞台

P 实践智慧 2－3　打造活力课堂的三个办法

P 实践智慧 2－4　多元评价促进师生共成长

P 实践智慧 2－5　有一种教学思维叫大气

P 实践智慧 2－6　1＋1＞2 的集体智慧

课堂教学是一门艺术，是一种创造性的劳动。一名教师要真正做到"传道有术、授业有方、解惑有法"，课堂教学就会产生事半功倍的效果，让学生在轻松、愉快的氛围中掌握知识，切实提高课堂教学的质量。我们在思考如何在专业引领下把握课堂教学艺术，提升教师的教学能力。学校确定了教师专业发展增长点的"聚焦式"规划：以"微笑课堂"为载体，通过学习培训和专家诊断，指导教师通过自我反思，寻找自身专业发展的优势、触发点和未来发展的愿景，制定教师自主发展的个人规划。我们不断完善管理机制，激励教师突破瓶颈，从专家引领、外出学习、骨干示范、教研组集体智慧、信息技术进课堂和思维导图引导下的课堂教学等方面作了探索和研究，培育了一批有思想见解和专业能力的优秀教师，精心打造"微笑课堂"，让每堂课都成为奇迹。

一、让课堂富有灵魂

在课堂教学中，我们教师不仅要为学生提供专业服务，还必须在不断的实践和思考中深化自己对教育的理解和认识，以保证教学品质和服务水平的不断提升。在寻找新的生长点的过程中，我们提出了用"教学主张"来构建自己的课堂模式。我们每位教师提炼了自己的教学主张。例如，张爱军老师的"简约语文"，就是追求自然和质朴的教学，她把简约看成是一种课堂感受，是一种精湛的设计，是一种高效整合，是一种教学境界。又如，陈燕老师的"自能数学"，就是一道靓丽的学习风景线。还有"墨韵美术"陶冶学生审美情趣和品德情操；"快乐体育"让学生在课堂中真正享受体育等等。

当我们每位教师提炼出自己的教学主张，把碎片化的想法上升到系统性的建构后，如何把教学主张更好地、灵活地落实在我们的课堂教学中，如何把我们教师的教学思想蕴含在课堂中,就成了一个在推进课堂教学改革中必须要解决的问题。于是,基于教学主张的教学建模又掀起我们教改的新一轮高潮。例如,杨娟英老师的教学建模:"预习—质疑—品味—仿写";邓爱华老师的教学建模:"情景引入—方法指引—变式活用—巩固延伸";李琳老师的教学建模:"入境—感知—操练—运用"。

在教学建模的引领下,无论是临近退休的老教师还是新入校门的年轻教师,都能以科学规范的教育理念来指导教育教学行为,使教学规范性明显增强,教学过程更加严谨扎实,教学内涵更加深刻隽永。可以说,一个教师拥有成功的教学模式也是教师个人专业成熟的标志。

通过提炼教学主张,开展教学建模,开发特色课程,我们不断改进和转变教与学的方式。课堂靓丽了,学生灵动了,质量提升了,课堂品质显著提升了,我们在推进课堂教学改革的路上走得也更加坚定和自信了。

二、让课堂富有理性

正是有了教学主张的引领,使我们的教学设计有了实质性的变化。理想的教学设计能提高教学效率和教学质量,使学生学到更多的知识,获得良好的发展。为此,我们走出去,参与区级专项培训和新优质联盟间的联合教研;还请进来,把学科专家请到课堂,手把手指导,面对面交流。在专家和同行的专业引领下,提炼出了若干教学设计模型:有问题型、项目型、合作学习型、课本剧型、思维导图型、信息技术型等,大大丰富了我们的教学设计。在此基础上,我们还提出了课堂教学的七个优化,让我们的课堂更具理性。第一,优化课堂教学目标:教学设计时应该全面关注三维目标,并将它整合于统一的教学活动过程之中。知识与技能维度的目标立足于让学生学会;过程与方法维度的目标立足于让学生会学;情感、态度与价值观难度的目标立足于让学生乐学。第二,优化课堂教学内容:课堂教学内容要根据既定的教学目标,将教材内容进行科学整合,使知识结构和能力结构合理、有效,使教学内容条理分明、重点突出、难易适度。第三,优化教学手段和方法:教学方法要符合教学内容,符合小学生的认知规律和一般教学原则。第四,优化学法指导:优化学法指导要从学生学习的特点、方法、习惯等方面着手,把学法研究和教法研究结合起来并将学法指导落实在课堂教学中。第五,优化课堂教学的评价和反馈:课堂教学中的评价应根据教学目标对所学知识在课堂教学中的达成度进行全面评价。第六,优化课堂练习:要精心设计和选择,体现代表性、层次性和实践性,课堂中要保证学生有充分的时间进行练习,并及时反馈评价。第七,优化教学反思:开展主题式反思,即围绕主张完善建模,提高效率。

对照这七个优化,在教学设计时如何导入新课、如何落实教学目标、如何开展自主学习、如何设计展示反馈、如何精讲点拨、如何设计巩固练习、如何进行课堂检测、如何拓展提高等方面提出了指向性的要求。应该说七个优化的提出使我们的课堂教学更加规范,更具人文性和思想性,内涵更加丰富。

三、让课堂焕发活力

在教学方法的探索中,我们呼唤充满生命活力的课堂,只有让课堂教学充满快活的气氛、鲜活的知识、灵活的教法,把每节课都作为学生探索创新的一次历程,才能真正使课堂教学活起来——充满快活,实现鲜活,展现灵活!

要让课堂焕发活力显然不是一蹴而就的。骨干教师的专业引领也发挥了重要作用。他们具有丰富的教学经验、先进的教学理念、深厚的教育理论功底。学校每学年都要组织骨干教师展示活动,为广大教师提供一条便捷的学习之路,对教师教育、教学能力的提高有着很大的帮助。此外,我们还安排了骨干教师带教工作,以骨干教师与青年教师师徒结对,签订合约,制定带教计划。从如何处理和运用教材、如何组织教学、如何调动学生学习的积极性、如何体现师生平等和谐的关系、如何更巧妙地设计导入语、如何更有意义地鼓励学生等方面进行辅导,帮助青年教师尽快适应教学要求,促进专业成长。同时,青年教师通过观摩骨干教师的课堂教学后,查找自己的不足之处,学习骨干教师的教学长处,在实践中迅速成长。在"互联网＋"时代,我们将技术应用于课堂,利用思维导图工具帮助学生进行知识点梳理,通过制作微课颠覆传统课堂。互联网技术带来的是学习方式的深度变革,学习方式变了,课堂变了,教师也变了。

我们认为课堂教学不是为了完成教师已有的教学任务,而是为了实现学生充分地、自主地、快乐地学,使每个学生都得到发展,让课堂焕发生命的活力。

四、让课堂充满鼓舞

好的课堂应该是鼓舞人心的课堂,我们通过研究评价不断引导和激励学生参与学习活动。所谓评价,是基于证据的教学价值的判断与发现。从学生角度看:发现学生值得鼓励和肯定的价值,发现学生可以改善和提高的方面。从教师角度看:发现教师育人和教学方法中的有效价值,发现教师可以改进和提升的方面。评价的目的是促进教师的专业成长、促进学生的全面发展。

我们开展实证调研,基于新生现状确定个性化的评价维度,体现一人一评价;开展合作学习,鼓励共同进步,研究合作学习评价机制;基于教学主张,设计个性化评价单;基于学习基础素养,设计成长性评价标准。丰富而多元的评价体系构建,更加突出评价所指向的各种相关因素,并将其作为课堂教学中展示和发挥的重点,打造真正的高效课堂;也使得学生能充分发挥学习潜能,更积极主动地参与到学习活动中。我们通过发挥评价的导向功能,让课堂充满鼓舞,让师生共同演绎精彩的课堂。

五、让课堂站立起来

为了更好地提升教师的教学素养,学校依托"人才柔性流动"项目,聘请各学科的专家来校,通过讲座、专题讨论、案例研究、课题研究等来指导我们的教育教学。我们提出"提升教师专业发展,促进课堂教学的有效实施"的目标,来实现教师的专业成长,推动学校课堂教学的有效性。专家们深入每位教师的课堂听课,对每一节课都作了详尽的剖析,进行有针对性的指导,中肯实在的意见和建议让教师们豁然开朗。在专家团队的带领下,教师提升了教育教学的研究能力、实践能力和反思能力。另外,在区重点课题"'小切口、聚焦式'教师专业自主发展及其促进机制研究"的引领下,我们制定了专业成长"璞玉计划"、"琢玉计划"、"美玉计划"和"润玉计划"的分层培养机制和行动计划。通过"教师幸福课程"系列培训、"科研沙龙"、"青年才俊日"等形式,激励教师通过自我反思、实践改进和专家诊断，从自身积累的优势、专业发展的触发点或自身专业发展的愿景出发，进行深入而有逻辑的学习、实践和总结，从而形成促进自我可持续发展的自主研修方式。

学科教研组作为学校教学工作的基层组织，加强教研组建设、促进教师专业发展就显得尤为重要。学科教研组是教师专业生活的场所，又是专业成长的地方，是教师发挥集体智慧、提高教学水平的教学研究组织。我们通过强化教研组内部精细化管理，营造和谐宽松的环境，让组内每一位成员都能感受到教研组的温暖。在集体中相互协作，相互竞争，挖掘自身潜能，不断提升自己的教学水平和素养。教师们一起分享收获，共同提高，将学到的知识更好地应用在教育教学实践中，让我们的课堂站立起来。

总之，把握课堂教学艺术，提升教师的教学能力，是我们共同追求的目标。让我们通过构建"微笑课堂"，展现教师的教学艺术，促进学生核心能力和核心素养的提升，形成快乐、互动、扎实的课堂文化，让每堂课都成为奇迹。

（执笔：韩燕敏）

⚑ 实践智慧 2 – 1 　别样的课堂

2013 年,在学校"微笑教育"的引领下,在专家的指导下,结合我的教学实践,我确立了自己的教学主张——和润语文。

"和润语文"意在和谐语文,润泽生命。在"和润语文"课堂中,教育教学节奏与学生发展和谐共振,师生努力营造这样的境界:和美入心——润"境";和顺自主——润"学";和爱引导——润"教";和谐有度——润"效"。使学生在说中悟、在写中学,将言语生命沉潜于鲜活的言语创造中去品味和揣摩。学生们学读、学写,如鸟张双翼,自由而快乐地遨游在文字的国度里。

一、"和润语文"的界定

"和润语文"是在"和谐"的思想指导下,对语文课堂的价值愿景的追寻。用润物无声的教学策略与途径来培植和滋养儿童的言语生命。

"和润语文"的"润",指达到和谐目的、和谐状态的方法、途径。"随风潜入夜,润物细无声。""润",讲究策略的艺术性和创造性、教育教学过程的自然无痕以及课堂教学诸元素的和谐发展,并使教育的节奏与学生心理发展的节律相吻合。学生的思想品格、人格精神不是教出来的,而是学生耳濡目染,逐渐养成的。教师要在"和"的课堂氛围中,发挥浸润和潜移默化的影响、感染作用。

"和润语文"体现了工具性与人文性的统一,注重学生的个性化发展和全面发展,力求在和谐的教学环境中对学生产生潜移默化的影响,并从潜意识中激发学生的行动,规范学生的行为。"和润语文"有丰富内涵、充满经典文化的浸染,关注学生的心灵人格,充满人文关怀,关注学生内在心智并激发学生亲身体验。

二、"和润课堂"的基本特点

"和润语文"课堂有五个鲜明的特点,关注情感生活和情感体验;重视课堂中学生的参与,学生参与无尚和融;调动学生多种感官的参与,润生无声;创造"心理安全"与"心理自由"环境,学生心理无缝和谐;重视言语表达,提高语言素养。

1. 关注情感生活和情感体验

王守仁认为,儿童的性情是喜爱玩耍而害怕拘束,好比草木刚萌芽,如果提供一个好的生态环境就能迅速生长;如果对它摧残压制就会衰竭枯萎。如今教育儿童,一定要让他们欢欣鼓舞地发展,心中喜爱而欢悦,这样他们就能不断地进步。"和润语文"力求为学生提供自由而秩序井然的学习环境,儿童在这一环境中尽情朗读,充分体验,喜怒哀乐都可以充分表达,并使学生在各式各样的活动中有所感悟。

2. 重视课堂中学生的参与,学生参与无尚和融

和润语文关注学生的课堂参与状态,通过各种方式引导学生全程参与、全员参与并且全身心参与。在认识方面,情感态度价值观方面和心理方面都得到参与,使学生的眼、耳、脑、手都参与到课堂中。同时教师也可以从学生的参与中得到反馈和发现。

3. 调动学生多种感官的参与,润生无声

一堂优秀的语文课,重点不在于教师教得如何,而在于学生是否全身心投入教学,是否学到知识。要实现"润生无声"就要创设多种情境、组织多种形式、采用多种手段吸引儿童的兴趣,调动学生全身的细胞投入到课堂中,使儿童在不知不觉中亲身体验,自然而然地在脑海里中留下意向,这样学生就学到了知识,获得了体验,更得到了成长。

4. 创造"心理安全"与"心理自由"的环境,学生心理无缝和谐

"和润语文"课堂善于帮助学生缩短人与人之间的距离,缩短学生与文本内容的距

离,缩短学生与实践之间的距离,创造"心理安全"与"心理自由"的环境,消除"威胁"信号,使学生走近文本、贴近教师、接近实践。在安全自由的环境中充分体验感悟,积极参与活动,自由表达思想。

5. 重视言语表达,提高语言素养

语文课程是母语学习的主阵地,培养学生的表达能力、提升学生的语言素养更是重中之重。"和润语文"旨在为学生提供多种语言表达的机会,引导和反馈,并注重个性化的演说和表达。鼓励学生勇敢表达、完整表达和创新表达。

三、"和润语文"的实现策略

在"和润语文"的课堂中,老师通过创造"和"的氛围,在和谐的师生互动中,锻炼学生的言语表达,提升学生的语文素养。其主要的实现策略是:激趣导入、和美入境——初读体会、和顺自主——研读感悟、和爱引导——提升拓展、和谐有度。

1. 激趣导入,和美入境

兴趣是最好的老师。有效的教学导入,更是一堂成功的语文课的基础。一节语文课伊始,教师要根据文本特点和学生的年龄段特点,采用不同的方式有效地引起学生的兴趣,使学生的注意力集中到课堂学习中。教师可以采用形象直观的媒体、图片、故事、谜语和游戏等方式展开,也可以自主创设情境,辅以其他形式展开。良好的导入能够激发学生的学习兴趣和求知的欲望,并创造良好的学习氛围,为授课的成功奠定了良好的基础。

比如《在金色的沙滩上》一文,我们可以用美丽的海边图片导入,让学生欣赏图片的同时,用一句话说说这美丽的风景;《独果》一文,可以出示图片引导学生积累词语;《埃及金字塔》一文,采用游戏连线让学生把世界名胜与国家相连,既调动学生的兴趣又拓宽学生的知识面,同时落实德育目标,可谓一举三得。

2. 初读体会,和顺自主

每个学生都有自主学习的潜力和能力。文本的教学更要建立在学生对文本的了解之上。在学习课文之前,要引导学生自己去理解、自己去发现、自己去学习。从整体上把握文本的内容、特点和形式，分辨自己已掌握的和不明白的部分，初步体会文本所传递的思想情感。这对于更好地学习文本、更有效地学习有很大的帮助。在此环节以学生的自主学习为主，教师只需加强指导点拨。

以中年级为例，学习初期我们可以采用填空的形式帮助学生了解文本的主要内容，比如《在金色的沙滩上》一文："小姑娘在 _____，画家请她 _____。小姑娘等待画家回来，老伯伯_____，她也不肯。画家终于回来了，他想_____，但是_____。"这样的填空给予学生一定的支架，降低学生的理解难度。随着学习的深入，我们可以适当提高难度，如《杏儿熟了》一文，可以给出重点词"依偎、不知所措、揉揉屁股、笑容可掬"，请学生选用几个词语，说说小作者都回忆了哪些事。当然形式可以多样化，《埃及金字塔》一文，根据课题我们可以让学生提出问题，并板书在黑板上，学生先带着问题读课文再自主解答问题，在自学的过程中初步掌握课文的主要内容。

3. 研读感悟，和爱引导

课堂必须把学生的权利放在首位。教师不仅仅是讲解者，而且是学生学习活动的组织者，以及信息的重组者。教师要善于去捕捉、发现和重组课堂教学中从学生那里涌现出来的各种各样的信息，而且要对这些信息进行梳理，然后要把有价值的信息和问题转化为教学问题，纳入教学内容，成为教学的闪光点，并把它转化为学生智慧发展的"火种"，引导学生通过朗读、换位思考、表达训练等方式，进一步体会文本的内容和情感，并让学生在情境中体会这种情感。

首先，可以抓住文本的一个片段进行模仿。比如《南极风光》一课中描写南极的冰雪运用了大量的比喻，让冰雪的世界更加生动形象。那么可以提供一些其他的冰雪图片，利用句式"风把雪堆成各种各样的形状，有的像_____，有的像_____，有的像_____；晶莹剔透，造型奇异"，练习说话和书写。

其次，可以根据文本展开想象。在《鳄鱼的争斗》一文中，课文对罗宾"兴风作浪"与入侵者的比试的描写只是寥寥几笔，似乎不够尽兴。我鼓励学生联系上下文想象罗宾的动作、神态和语言，并让他们积累好的词语，帮助他们写成一段话，孩子们大胆发挥想象，写得十分精彩且惟妙惟肖。

再次，可以在充分学习文本的基础上让学生续写课文。中年级课文《牛顿在暴风雨中》、《荒芜的花园》和《我也会送你一辆新车》都可以采用这种方式。以《牛顿在暴风雨中》为例：研读了牛顿在暴风雨中勇敢地测量风力后总结全文并设计了这样一个读写训练。

学习了这篇课文，我们仿佛回到了1658年那个暴风雨天，看到牛顿在暴风雨中不停地跳着、量着、刻着，我们看到了一个勇敢执着的牛顿。请你想象牛顿回家后和弟弟妹妹之间会说些什么，小组之间说一说。

课上，同学们讨论得很热烈，小组争相展示，其中有一组学生的回答相当精彩：

生1（妹妹）：哥哥，哥哥，你去哪里了？这么大的暴风雨，真是急死我们了。

生2（弟弟）：是啊，我们好担心啊！

生3（牛顿）：我啊，在暴风雨中测量风力了。

生1（妹妹）：那你是怎么测量的呢？

生3（牛顿）：我不停地在风雨中向上跳，有时候向着风，有时候背着风。每跳一次，我都测量一下落点与起点之间的距离，用石块刻在墙上。有几次，我一起跳就用双手把斗篷往两边撑开，样子就像一只蝙蝠。

生2（弟弟）：哥哥，你不怕暴风雨把你淋湿、把你刮走吗？

生3（牛顿）：为了测量到风力，我什么都不怕！

生1（妹妹）和生2（弟弟）：哥哥，你真了不起！我们要向你学习。

在这组同学展示时，我让同学们仔细观察他们的表情，注意他们说话的语气，并用上对话提示语的不同形式写成一段话：

暴风雨过后，牛顿回到了家。_____

通过激烈的讨论和老师的引导，学生们的写作热情迸发出来，大家发散思维，相互合作，篇篇佳作应运而生。这次读写训练的成功在于孩子们对文本内容有了充分的理解和把握，而这样的续写想象结合文本内容，使学生有的放矢，更调动了学生的想象力，开阔思维，激发了学生的写作兴趣。学生们积极尝试，写作能力不断提高。

读写的设计还可以更加多样化，比如改写课文。例如把小诗改写成一个故事，《班长的烦恼》就是很好的选择；可以把一些说明性较强的课文改写成导游解说词，《秘密》

和《埃及金字塔》两篇课文都非常适合。丰富的形式都只是手段,培养学生的阅读兴趣,指导学生开展有深度的阅读,通过阅读活动提升学生的表达能力才是语文学习的主要目的之一。课堂中的参与让他们下笔时有的放矢,写作起来更加得心应手。

4. 提升拓展,和谐有度

学习贵在致用。在掌握文本、体会情感的基础上,教师要突出教学重难点和单元练习重点,加以指导训练,进而设计符合教学目标和教学重难点的作业,体现"备课—上课—作业的一致性"。另外,拓展提升应当适度,突出重点,有利于开拓视野,进一步提高学生的语文素养。

坚持和坚守"和润语文"的教学主张,丰富建模,开展研究,为课堂注入灵魂;不断创新教与学的方式,及时进行总结、反思和完善,让主张更丰满、研究更深入、专业更自信,教学生涯才会更加醇香。

(执笔:公维莹)

⚑ 实践智慧 2－2　从课本走向舞台

一直以来,我们都在努力追求"自主、合作、探究"的学习方式,构建生机勃勃的活力课堂,让学生在主动参与中真正成为学习的主人。然而,大多数语文教师都会遇上这样一个棘手的问题:不少学生没有良好的阅读习惯和方法,缺乏细读、研读的良好心理。如何充分调动学生参与课堂学习的积极性,让课堂这一教与学的双向交流平台真正成为学生成长的舞台呢?

课本剧,就是把课文中叙事性的文章改编为戏剧形式,学生通过表演来了解课文情节,体会人物情感,理解课文主题。这对于天真活泼的小学生而言,具有一定的吸引力。教学中,我有意识地从"课本剧"这个点上做了一些尝试。那么,当传统的语文课堂教学遇上生动有趣的课本剧表演,会擦出怎么样的火花呢?

一、将"说教"变成"体验",激发学生自觉阅读的浓厚兴趣

兴趣是最好的老师。一个人一旦对某事物产生了浓厚的兴趣,就会主动去探索实践,并在探索实践中获得愉快的体验。课本剧表演,是把课堂还给学生的一种积极的综合实践活动,有利于引领语文教学走向生活、走向互动、走向整合、走向智慧,大大提高学生学习语文的兴趣和能力。

1. 兴趣点燃阅读激情

从文本到剧本,必须在读懂课文、理清思路、品透人物的基础上去谋篇布局。在编

写课本剧《白银仙境的悲哀》之前,我指导学生深入阅读文本,完成文本学习后,我给学生补充讲解戏剧四要素——演员、舞台、观众、剧本,讲解剧本的特点——时间、人物、情节、场景。学生们听得津津有味,编写剧本的练习也完成得出乎意料的好。为了进一步突显戏剧效果,强化"白银仙境的悲哀"这个主题,我引导学生们大胆取舍文本,提炼出描写白银仙境优美的词句,切实感悟白银仙境被污染后人们的痛心疾首与追悔莫及,强化心灵的震颤。

2. 兴趣激发创作灵感

虽然学生自己编演课本剧,对课文的阐释或幼稚或粗糙或不当,但我还是从他们的积极、认真、快乐中读出了语文学习的真谛:语文学习是学生依据已有的知识经验主动建构的过程。

我们学校每年都会举行课本剧表演,学生兴趣很浓,活动一旦启动,他们便会全心投入。在课本剧《笋芽儿》的创作过程中,有学生大胆提出设想:在原文的基础上,增加部分角色——竹笋、扁担、箩筐等。这样可以以更丰富的角色来展示笋芽儿成长过程中遇上的人和事,表现出笋芽儿从"胆怯懦弱"到"顽强勇敢"的成长过程中,得到了各方人物的启发和帮助,从而突出文本的主题:每个人的成长都犹如笋芽儿,需要太阳的爱抚、春雨的滋润,需要社会、学校、家庭各方面的关怀和照顾,从而从小立志勤奋学习、刻苦锻炼,努力成为祖国的有用人才。经过这种"源于教材却又高于教材"的改编,学生更深入地走进了人物的内心世界,对于文本的理解也更深了一层。

3. 兴趣提升人文素养

编演课本剧是一种创造性活动,它要求学生对剧本有大胆的发挥和较强的记忆,把书面文字转换成适合于舞台的口头语言、形体动作,变"静"的课文为"活"的演出实践,还要求学生有很好的相互协调与配合能力。因此,编演一出语文课本剧,不仅可以培养学生听、说、读、写的语文能力,而且还是培养学生的活动、组织、创造能力和良好品质的有效途径之一。

以文本中的人物身份走进剧本参与表演,他们的情绪是积极的,是欢快的。通过表演,不仅可以表达他们对文本的理解与感受,还可以创造性地发展文本的内涵,抒发自己独特的感悟。而这种快乐的表演过程,也锻炼了学生多方面的能力和素养。

二、从"课本"走向"舞台",提高学生听说读写的综合能力

创造性地把课本剧表演与传统的语文教学相结合,充分发挥学生的个性特长和兴趣爱好,把蕴含在语文教材中的心理因素、艺术因素、人文因素以舞台表演的形式予以诠释,可以为提高学生语文综合能力提供一片崭新的舞台。

1. 人物——课本剧的中心

在阅读的过程中,总会有那么一些人、一些事让我们萦绕心间,仿佛神秘夜空中一颗颗璀璨的星辰,时时散发着迷人的光芒,让人发自内心地产生一种冲动:把他们化为舞台形象,再现,提升,永生。比如中高年级教材中的童话故事《一颗小豌豆》《小溪流的歌》《笋芽儿》,还有叙事类的《白银仙境的悲哀》《拥抱大树》《晏子使楚》等课文,都是改编成课本剧的好材料,而善良勇敢的小豌豆、勇往直前的小溪流、快乐成长的小笋芽、正直睿智的晏子等这些从课文中走出来的人物,逐渐成了学生人生的标杆、学习的榜样,在不同程度、不同层面影响鼓舞着学生。

2. 情节——课本剧的主体

改编剧本一般针对那些矛盾冲突激烈,情节性较强,人物性格鲜明的课文。但是如果选用的课文篇幅太长,对于小学生而言,把握主题方面会有一定的难度,因此可以选取其中一个段落层次重点改编。如《我的伯父鲁迅先生》一课中,有"谈《水浒传》"、"救助车夫"和"关心女佣"三件事例,教学中,我们选取了其中最贴近学生生活的"谈《水浒传》"一节进行改编。在学完课文后,学生对鲁迅先生的为人品质有了清楚的认识,了解到鲁迅先生关心身边每一个值得关心和同情的人:有青少年下一代,有生活在社会底层的劳苦大众,有家人和像家人一样的佣人,他是一个"为自己想得少,为别人想得多"的高尚的人。学生以鲁迅先生的性格内涵与特定的历史背景为指导,对原文进行了剧情改编,而在改编表演的过程中,又进一步加深了对人物的理解,与鲁迅先生的距离也迈近了一大步。

3. 立意——课本剧的命脉

改编课本剧,可以在细节方面作适当的调整和变动,但是必须尊重原文主题。而

如何提升文本的品质,使课本剧表演更生动形象地表现主题,凸显人文主义教育的意义,是课本剧改编中十分重要的一点。因为语文是文化的载体,而其本身就是文化的一个重要组成部分。经过课本剧这种综合艺术的再创造,融语言艺术、形体艺术、时空艺术于一体,它的教育感化作用是单纯靠书面文字所达不到的。它极有利于认识中华文化的丰厚博大,汲取民族文化智慧,关心当代文化生活,尊重多样文化,吸收人类优秀文化的营养,提高文化品位。

三、把"个人"融入"团队",培养学生团结协作的良好品质

课本剧编演是一项大工程,其中涉及方方面面的问题。从选材改编、道具服饰,到安排角色、指导排练,直至最后上台表演,显然不是一个人的事,哪一个环节出现问题,都会直接影响整部课本剧展示的效果。因此,课本剧表演中的团结协作、互相合作就显得尤为重要。

1. 集思广益,成就最佳剧本

一个有质量的课本剧,不是简单地照抄课本里的人物对话,编写的过程应该是一个创作性的过程,应该结合文本、人物性格、剧情发展加以想象,适当增删。无论是人物对话或是舞台说明,都是为主题服务的。尤其是课文里那些能突出人物性格的言行、神态和心理,要在剧本里予以强调,加以突出。而这个过程应该体现集体的力量,凝聚团队中每一个人的智慧。

每次编写课本剧时,我都会引导学生分工合作,有具体执笔的,有出点子的,有修改文稿的,有制作道具的,有准备服装的……从同学们忙碌的动作、交流的眼神以及各抒己见的谈话中,我可以感受出他们的情感体验和对文本的理解,感受到他们因学习需求得到满足后的快乐,更感受到了团队协作精神的强大。

2. 互评互学,提升艺术品位

石本无火,相击而发灵光。表演结束了,但是角色体验带来的愉悦依然在学生心中激起阵阵涟漪。剧中人物的语言人格之美,舞台呈现的道具服饰场景之美,剧本揭示的人文思想之美,无不影响和提升学生的审美情趣。虽然因认知水平、个性情感等

方面的局限,学生们不可能像专业演员那样把角色演得鲜活丰满,也不可能把幕后工作做得完美无缺。但是,在每次课本剧演出结束后的自我评价和相互评价中,他们既能骄傲地分享各自的快乐与自豪,又能客观地发现努力的空间,集个人观点为集体智慧,心灵在评价中相互沟通,情感在评价中相互交融,艺术品位也在悄然提升。

当传统的语文课堂教学遇上生动有趣的课本剧表演,我们看到的是令人欣喜的智慧的火花、艺术的火花、人文的火花。取材于文本又超越了文本,从文本走向剧本,艺术再创造后语文课堂拥有了更强的教育感化作用,既培养了学生听说读写的语文能力,又有效促进了学生的活动能力、创造能力、组织能力和合作能力的提高,真正实现了语文教学资源的优化整合。

（执笔：张京芬）

⚑ 实践智慧 2-3　打造活力课堂的三个办法

　　长期以来,教学一直在追求和打造"高效能"课堂,教师极尽所能做到指导学生学习的策略是高端的,学生在课堂上的互动是积极的,更主要的是课堂上的学习氛围,师生之间、生生之间的关系是和谐的。但我更喜欢用充满"活力"来形容这样的语文课堂,因为它不同于企业生产产品,力求产品的一般模样,追求产品的高产量。语文课堂上,一位教师、几十名学生、一篇教材。在有限的时间里,通过课堂这个学习阵地,学生与教材之间架起一座沟通的桥梁,使学生走近文本,走进作者的思想,在美的语言文字中感受语言美的意蕴。"活力课堂"让学生在获取丰富的语言知识、锻造交流沟通的能力、养成良好习惯的同时,能怀着愉悦、积极的态度参与其中,在阅读中感悟并培养丰富的情感,最终使学生获得满足终身发展及个性发展需求的基本语文素养。

　　因此,在打造"活力课堂"的过程中,我始终遵循"三点一线"教学原则辅助自己课前备课。所谓"三点"就是指学生的年龄特点(认知水平)、教材内容(课文内容)、语文活动(课堂设计及评价)。当这三个点串联成一线时,即在备课中,根据学生认知水平的发展需求,展开文本细读和研读,设计适合各年级段学生学习的方法、教学策略及评价方式,实现让课堂焕发出活力的愿望,让课堂变成轻松快乐、充满探究趣味和能够平等交流的乐园。

一、以兴趣促活力,倡导轻松快乐的课堂

　　小学年龄段的孩子天真、可爱又活泼,特别是低年级学生更是喜欢新鲜、有趣、好玩

的事物。一般的传授式学习中,往往是教师"讲得多"、学生"听得多",教师是"上位者"、学生只能"俯首听命",这样不平等的、灌输式的课堂导致学生会呈现出五花八门的现象,其中注意力难以集中是最大的问题,久而久之,孩子们就失去了学习语文的兴趣。

著名特级教师于漪曾说过:课的第一锤要敲在学生心灵上,激起他们思维的火花,或像磁石一样牢牢地把学生吸引住。当语文课堂的导入精心构思、巧妙设计,具有形象美、情感美、和谐美、悬念美,会使教学过程引人入胜、扣人心弦、生机盎然、充盈着美的气息。课前的导入可以是有趣的猜谜语,可以是一段优美的音乐,亦或者是讲述一个故事,质疑问难,等等。总之,一个好的开头能抓住孩子们学习的兴趣,促进他们产生深入探究学习的意愿。

例如,教学《小海星快回家》一课,我创设了这样一个情境导入,请学生伸出小手模仿"小海星"在海滩上自由玩耍的动作。"小海星在沙滩上一会儿爬到左边,一会儿爬到右边,一会儿又往前爬,哎呀,前面有块小石子,小心点绕过去,很快,就爬到了海边,海水涨起来啦,赶紧往回爬。……"海滩上玩耍的场景在我的模拟情境中生动展现,学生也随之带入角色,音乐声停止时,我采访学生说说此时"小海星"的心情,学生们交流的词汇丰富且贴切。再次使用情境导入:"天渐渐黑了,小海星还不想回家,此时,你想对他说什么话?"孩子们马上联想到生活中自己晚回家时妈妈"焦急"的心情,情不自禁地喊出课题"小海星快回家"。两次情境导入,没有刻意的煽情,只是从学生的生活出发,让孩子们站在不同人物的角度去思考问题,最后通过朗读表达感受。孩子们的体会深入且生动,对课文的后续学习产生了浓浓的兴趣。

由此可见,学习语文最大的推动力是兴趣,教师根据不同类型的教学内容灵活选择教学方式,设计富有情趣的教学环节,激发学生的学习兴趣,让他们积极主动地参与到语文实践中,即知识的学习、技能的训练、兴趣的培养,三者相互交融、相互促进、轻松快乐又能学有所获。

二、以游戏促活力,打造自主探究的课堂

课堂教学是一个引导学生进行语文实践的动态生成过程。因为,我们所面对的是

一个个活生生的、充满灵性的学生,课堂上,教师要根据实际,灵活地对教材进行增删调整,使学生成为课堂的主人,成为与教材、教师、同伴进行平等对话的主角,成为一个会自主探究的学习者。而游戏是学生最能接受和乐于参与的活动,将游戏引入语文课堂,把一个个有趣又有意义的游戏活动变成一种教学策略,提高学生主动学习的意愿。

还记得教学课文《扳手腕》时,为了让孩子们更清晰地理解和感受课文中对比赛细致的语句描写,我邀请了班上两位男孩上台来比赛,请六个孩子做记者,记录比赛前、比赛中和比赛后队员们的表现。六名记者两两成组,通过观察、讨论完成记录表。游戏体验中,每个孩子都有自己的角色,更是根据自己的角色作出不同的表现。孩子们特别兴奋,两名选手赛前相互喊话,跃跃欲试,胸有成竹,赛中又是全力以赴直到最后;台下的同学也自然分成两派,有的喊加油,有的为选手当教练、替选手出主意,有的为选手按摩放松。而小记者们为了完成记录表,不仅要仔细观察选手和同学们的表现,更要相互讨论如何完成记录表,在记录中,为了表达清楚自己的观察记录,他们对照着课文,找到相对应的语句,认真又谨慎。在这次角色游戏中,孩子们在体验中感受比赛的热烈气氛,在观察中自主学习课文,积累下课文语句的同时还增添了许多现场场景。小记者汇报交流后,生生互动展开评价活动,角色扮演的同学们为小记者点评、补充、丰富了比赛场景的语言表达,更为课后自主写作《一场激烈的比赛》收集到了精彩的语言。

像这样的游戏活动,语文课堂中时时会出现。比如,教学《狐假虎威》时,请孩子角色扮演,要求学生对语言进行复述积累,这就是自主探究积累的活动;教学《牛顿在暴风雨中》一课时尝试迎风跳和背风跳,那是对语言理解的自主探究;教学作文《我这个人》时请学生玩游戏"大风吹",根据老师给出的信息找到相对应的同学,这是对信息提取的探究。我发现,当教学遇到游戏活动,就会产生很大的化学反应,孩子们在游戏中自主探究的意识提高了,他们会在角色扮演时探究、会在疑问中探究、在操作实践中探究。苏霍姆林斯基有过这样一段精辟的论断:在人的心灵深处,都有一种根深蒂固的需要,这就是希望自己是一个发现者、研究者、探索者。教师要能抓住这一特点,就能打造出自主探究的课堂。

三、以表达促活力，主张合作交流的课堂

《上海市中小学语文课程标准（试行稿）》明确指出："使学生具有口语交际的基本能力，在各种交际活动中，学会倾听、表达与交流，初步学会文明地进行人际沟通和社会交往，发展合作精神。"培养学生运用语言文字进行准确、恰当的口语表达是语文教学的重要任务。这一任务在小学阶段显得尤为重要。小学阶段说话训练抓得好，不但能很好地开发学生智力，而且为今后学生的作文写作也打下基础。口语交际的作用日益重要，作为教师培养学生的语言表达能力势在必行。

教师在课堂阵地上开展各类表达训练，而以生为本、生生互动的课堂表达练习是我乐于见到和努力促成的。但在日常的教学中，由于课堂时间有限，我们常常做不到人人练习或人人交流，这就需要为学生找到比课堂交流范围小一些的交流平台，让学生有充分展现自己的机会。如教学《望梅止渴》一课时，为了让学生们明白曹操的办法给将士们带来了什么变化，我手绘了两幅将士的图片，一幅是没有水喝，士气涣散图；一幅是重整军容，奋力前行图。两幅图片下配有两句填空式的句子："原先，将士们_____。""后来，将士们_____。"要求学生们根据图片内容对比观察，展开想象说话。第一次练习表达时，学生们都将自己观察到的一点对比着表达，说得很顺利，但句子表达并不具体。于是，我又提出要求，大家将找到的这些表现串联起来说三点，这就要求学生不仅要记住自己说的一点，还需要记住其他同学说的。虽然这加大了说话练习的难度，但也激发了学生挑战自己的兴趣，孩子们纷纷练习起来。为了保证这次说话练习的积极有效，我开展了"小组挑战"的活动，利用四人小组这个小范围的交流平台，让学生能一一进行表达，并由小组内其他组员进行评价，学生根据我给出的评价要求给每一个参与活动的同学打分，最后推选出小组"最佳解说员"参加班级大组评比活动。活动中不仅每一个孩子都有机会参与本次表达练习成为练习生，更能成为评委，在评价他人的时候发现自己的优点与不足，这不仅是对学生表达能力的培养，更是对他们的合作能力、沟通表达能力的培养和训练，可谓"一举多得"。

在课堂中设计各种表达练习不难，但要让表达更加有效，让更多的孩子参与到合

作交流中就不那么容易了,因此,我将课堂拓展到了课外,利用网络平台开展"最爱朗读者"交流活动,利用学校阅读节活动开展"共读一本书"读书交流会、课本剧表演、画一个故事等活动,利用一些学生感兴趣的活动来促进表达,将语文的工具性与生活紧密结合,充分体现了语文学习的价值,提升了学生的语文素养。

如果说,课堂是学习的摇篮,教师就是推动摇篮的手臂,轻柔而不断地给予学生帮助,他们在我们的呵护中收获习得。但我更希望课堂是一艘大船,不仅能保护孩子们不断前行,更能带着他们迎接风浪,迎接一个个挑战,在自我挑战、克服困难中历练成长。希望这样的活力课堂,能带着孩子们跳一跳摘到更加香甜的果子,成为孩子们心中的"芭学园"。

(执笔:蒋静静)

⚐ 实践智慧 2－4 多元评价促进师生共成长

我们学校在"以学生发展为本"的理念指引下，从不同视角进行了大量的教育教学评价探索和实践，主要探索多元的教学评价。所谓评价，是基于证据的教学价值的判断与发现。从学生角度看：发现学生值得鼓励和肯定的价值，发现学生可以改善和提高的方面。从教师角度看：发现教师育人和教学方法中的有效价值，发现教师可以改进和提升的方面。从这两个方面进行多元评价，目的是促进教师的专业成长、促进学生的全面发展。

一、多元评价，促进每个学生的发展

学生思维和认识世界的方式是多元化的，学生表现出来的能力是多方面的，教育对于这些智力潜能具有重要的开发与培育功能，因而，对学生学习的评价也应该是多方面的。为此，我们主要进行了以下的探索与实践。

1. 调研实证，基于新生现状的多元评价

《新课程标准》中明确指出：评价的主要目的是为了全面了解学生的学习历程，激励学生的学习和改进教师的教学。虽然上海市教委要求全市所有小学严格执行一年级新生"零起点"教学，严格按照小学各学科课程标准的要求开展教学，不随意拔高教学和评价要求，不随意加快教学进度，还孩子快乐童年。但不可避免的是，仍然有相当一部分一年级新生在入学前已经学习了英语、拼音、认字、读字甚至写字，这对教师开展课堂教学和教学评价无疑增加了难度。为了更好地落实基于课程标准的教学与评价工作实施方案,我们对一年级新生的基本情况进行调查,目的是更深入地了解学生在学识、性格、兴趣、家庭教育等方面的一般趋势和个别差异,为教师开展教育教学活动提供科学的依据,让课堂教学评价也更加客观、科学,促使每一个孩子在今后的学习中得到全面发展。此次调查共发放问卷 173 份,回收有效问卷 161 份,有效回收率达93.06%。调查内容主要涉及:会做几以内的加减法、是否学过 26 个英语字母及掌握程度、是否学过汉语拼音、认识汉字的程度、兴趣爱好、性格以及家庭教育情况等。问卷覆盖一年级全体新生,数据全面翔实可靠。

学校一年级新生家长调查问卷主要数据汇总表

内　　容	结果	备注
会做 20 以内加减法	83.23%	含 100 以内加减法
学过 26 个英文字母	62.11%	
学过汉语拼音	88.20%	
能认识 100 个左右或 100 以上汉字	58.39%	含能简单阅读
民主管理	62.73%	

这些数据充分说明,我们大部分的孩子在学前已经具备了相当水平的学识,但仍有一部分孩子处于真正的"零起点"。家长教育孩子的观念在发生转变,他们希望自己的孩子在轻松和谐的氛围中快乐地学习知识,而不是去死啃书本。

这就对我们的教师提出了新的要求:如何对学习基础不一样的新生实施课堂教学评价?怎样的教学才能让已掌握一定知识量的孩子继续保持学习的兴趣,让处于"零起点"的孩子消除学习的紧张感?通过讨论,基于学生的年龄特点、学习基础素养和认知特点,我们决定采用即时评价。

即时评价是指在教育活动过程中,评价者对于评价对象的学习态度、方法、过程、效果等方面的具体表现所作的即时的表扬和批评。我们把学生课堂表现的即时评价的内容确定为:

（1）课前准备：在上完一节课时，学生必须在收拾好本节课所需的书本文具，并准备好下节课所需要的学习用品后才能进行课间休息。

（2）认真听讲：课堂上要集中注意力，认真学习听讲，不开小差，不交头接耳，不做与课堂学习无关的事情。

（3）积极思考，大胆发言：善于动脑思考，积极参与班级交流讨论，并能把自己的观点和思路清楚准确地表达出来。

（4）质疑问难：针对学习中遇到的疑难问题要敢于表达自己的观点和看法，并能简明准确地提出自己的问题。

（5）互帮互助：请已掌握知识的学生督促起点低的学生，这样既保证了优秀学生的学习积极性，也能促进起点低的学生共同进步。

（6）作业质量：做到作业本整洁干净，书写端正认真，正确率高。学生如能达到其中一点者都能得到小红花，学生成为了实施课堂评价的最大受益者。

实践证明，学生的学习兴趣提高了，参与课堂表现的情绪高涨；学生的学习习惯发生了改变，课堂上能专心听讲，积极思考，大胆发言，作业书写认真，能做到互相帮助；初步形成了自己的价值观，学会赏识别人和正确认识自己，并且学会了简单地评价自己和别人。除此之外，学生对课堂有了一种新的体验，不再感觉学习是枯燥的了，总希望在课堂上展现自己，获得更多的表扬。真正让课堂成为成长享受的地方。

2. 激励肯定，基于学习活动过程的多元评价

在探索课堂教学与实施多元评价的过程中，我们主要针对评价的主体、评价的标准、评价的内容等方面进行研究，充分发挥评价的育人功能，促进学生在原有水平上的提高与发展。

（1）师评、互评与自评的评价主体多元，帮助学生增强自信心。为了面向全体学生，不"忽略"一个学生，教师在课堂活动中，要激励学生参与到评价活动的过程中，在师生、生生的互动中提高学生参与课堂学习的主动性和畅所欲言的积极性。

如：美术学科的老师，采用"在欣赏中点评"、"在游戏中自评"、"在绘画中互评"、"在展示中赏评"的方式，让每位学生都能在自我肯定和同伴认同中提升自信，获得提

高与发展。

（2）尊重差异，基于个体的评价标准多元，激发学生个体的学习潜力。学生的个性特点和认知层次都是有差异的，教师要尊重学生的个性差异，既要关注教学任务的完成，也要关注学生的学习兴趣、认知风格、学习方式、学习的投入程度以及学习活动过程中表现出来的好奇心、合作态度、探索精神等等，教师确立灵活多元的评价标准，要以全新的教育质量观和教育价值观，对不同学生采用不同的客观标准，让不同学生可以异步达标。

如：数学学科教师以宽容的心态关注学生，尽量发现学生的亮点进行过程评价。在学习活动中学生表现出的求异思维、质疑问难、倾听析疑、一题多解、另辟蹊径的解题思路以及作业中的规范书写、同伴互助中的认真态度、讨论探索中的不同见解等等都作为评价的标准，开展师评、生评与自评活动，以及以激励为主的评价争章活动，着力发掘学生的"闪光点"，从而激发学生的学习潜力。

（3）知情意结合，基于学科特点的评价内容多元，促进学生自我完善。学生知情意的全面发展不仅是教育过程公平的要求，也是课堂教学的目标所在，因此，课堂评价内容不仅要关注学生获得知识技能的方法，更要关注学生学习过程、方法、情感态度和价值观的发展，通过多方面评价内容促进学生的发展。

如：语文学科注重学生学科知识学习的同时，更加注重人文精神的培养，教师设计一个个针对现实的问题，让学生开展讨论，分辨是非，明确做法。如针对现实问题"当你被老师与同学误解时怎么办"的讨论；针对课文内容让学生联系生活实际的讨论；针对学生责任性差可以设计关于加强责任性方面的作文活动等等，教师对于学生暴露出的思想、行为给予辩证、客观的评语式评价，找到亮点分析不足，引导学生明辨是非、自我完善。

二、多元评价，激励教师专业成长

对教师的日常教学工作进行同伴互助式多元评价，主要是发挥每一位教师的教学热情，形成积极向上的校园文化，提升教研品质，促进教师的专业成长。

1. 基于教学主张的个性化评价

我们学校的每一位老师都有自己的教学主张,这些教学主张是教师在个人的实践基础上产生的,是蕴涵着教师的理想、信念、情感、意志等在内的,包括对于什么是教学、教学的目的以及如何开展教学等方面的见解和认识,是教师个人对教学实践经验的理性升华和概括化的认识,也就是把教师在课堂实践中一些散碎化的思想进行系统化的建构。这些教学主张来自教师实践经验的提炼和理性的归纳;来自教师对自身教学经历的反思和感悟;来自对教学理论的思考和对教学规律的把握……当我们的教师都有了自己比较成熟的教学主张后,如何把教学主张更好地、灵活地落实在我们的课堂教学中,如何把我们教师的教学思想蕴含在课堂中就成了我们重要的课堂评价部分。因为每一位教师的教学主张都不一样,所以课堂评价也就应该更注重个性化与多元化。

例如,张爱军老师的"简约语文",是追求自然和质朴的教学,她把简约看成是一种课堂感受,是一种精湛的设计,是一种高效整合,是一种教学境界。简约,它要求教师在"深入"解读教材上下功夫,在"浅出"教学蕴含上做文章。因此,教师要大胆地处理教材,依据单元目标、课时目标、课文特点等,选择能让学生终身受用的核心内容进行教学,它追求的不是刻意的精雕细琢,而是教学的自然和质朴。那么我们在评价的时候就注重她是如何来整合教材的,在处理教材中有什么独到之处,在教学中如何选择核心内容来进行教学。

再如,陈燕老师的"自能数学",这个主张突出"自"、体现"能"的教学实践样态。突出"自",即突出学习的个体性、自主性和自为性。每一个学生的学习都是通过自己的大脑,运用一定的方法和思维,独立地学习、理解;体现"能",即获得学习的能力、思考的习惯、求知的欲望和探究的意识,在课堂教学中,教师要让学生尽可能拥有更多的时间、空间,使之自觉、自主、自悟、自探,最后达到自能。针对这些特点,我们的课堂评价就调整为有没有体现学生的学习主体性和积极性,学生的思维能力是否得到训练,有没有形成一种学习的能力等方面。在开展研讨中,学习这一主张的"亮点"做法,同时提出了不足,让其改进与完善,使得这一"主张"逐渐形成特色。

2. 基于课程标准的课堂教学评价

根据学校教师的特点,我们制定了基于课程标准的学校课堂教学评价指标,每位教师学习内化指标内容,并化为自己的教学行动。

学校课堂教学评价表

一级指标	二级指标		评价得分	小计
教学设计	目标制定明确适切	10分		
	学情分析科学实际	10分		
教学实施	教学主张实施情况	20分		
	情景创设启发思维	10分		
	反馈调节互动和谐	10分		
	训练作业合理适度	10分		
	资源技术适时有效	10分		
	教学效果有效达标	10分		
教师素养	板书语言准确规范	5分		
	教学民主为生师表	5分		
合计	100分			

教师对照"教学设计、教学实施、教师素养"三个方面实施课堂教学,同时,评价老师对照这三个方面对同伴进行教学研讨、互助评价。特别是在听课中,教师不再只关注教学流程,更关注学生的学习行为,从学生的反应、发言、活动中来评判教学行为,反思改进的策略,改进我们的课堂教学,提升我们的教学品质,同时也促使我们的课堂教学评价变得更加丰富多彩、更加切合实际,使评价有了更多的针对性、具体性和个性化,改变了以往千篇一律、泛泛而谈、隔靴搔痒式的形式主义的评价。对于教师的专业成长有了更大的帮助,使教师在推进课堂教学改革的道路上走得更加坚定与自信。

三、多元评价——从学生角度反观教师行为,进行教学调整

当我们的教师在课堂里实施自己的教学主张时,对学生的学习主动性和积极性的评价就显得尤为重要,因为学生的学习状态,直接反映了教师教学行为成功与否。从

平时听课和学生调查中,我们还是发现个别教师上课存在一定的问题,如教师讲得津津有味,学生却不知所云,兴趣索然;教师精心设计教学却效果不佳。评价作为考察学生的学习状况、激励学生的学习热情、促进学生全面发展的手段,也作为教师反思和改进课堂教学的有力手段。对学生学习的正确评价,既关注了学生对基本知识与技能的理解和掌握,又关注了学生学习情感与态度的形成和发展,从中寻找出其中"最关键、最困惑、最有价值"的问题,通过指向明确的评价,重新审视自身教学行为,不断调整、改变,以求得教学的最大效益。为此,我们设计了紫荆小学校本教研课堂观察记录表,记录表能客观地反映学生的学习情况,使我们对教师教学实施过程与结果作出客观的价值判断,通过对学生学习活动的评价也能让老师看到自己教学过程中的问题,进而提出对自己课堂教学的改进措施,明确努力的方向,通过评价还能加强师生的沟通和理解,进行心与心的撞击,促使教师充分发挥自己的聪明才智,展示课堂教学的魅力。

课堂观察与记录表

第8列	第7列	第6列	第5列	第4列	第3列	第2列	第1列	
								第1行
								第2行
								第3行
								第4行
								第5行
								第6行

注:记录方式示例:第1行,第1列学生:上课12分钟后,趴在桌子上;第3行第1列学生:偶尔与前面同学小声议论等。

总之,我校进行师生两个主体的多元评价可以充分发挥评价的导向作用,促进教师尽快转变教育思想,在课堂教学中更好地发挥教师的教育创新意识,达到改进课堂教学的目的;促进学生学习行为的改变,更重要的是促进学生形成正确的人生观、世界观和学习观,完善人格,促进发展。多元评价体系的建立与实践,使得教师更加注重评价所侧重的各种相关因素，并将其作为课堂教学中展示和发挥的重点，打造真正的高效课堂；也使得学生能充分发挥学习潜能，更积极主动地进行学习，沿着培养目标健康成长。让我们通过积极的导向功能，让师生在多元的评价中共同演绎课堂的精彩。

（执笔：韩燕敏）

实践智慧 2 - 5 有一种教学思维叫大气

成为一名传道、授业、解惑的教育者已有些许光景。一直以来，我都在寻求"有效、有趣、有序"的教学方式。也许，一节三十五分钟的小学数学课看似短暂而轻松，但对于一名刚踏上三尺讲台的青年教师来说，想要真正上好一堂数学课并没有想象中的那么轻而易举。

曾听老一辈教师调侃，现在的青年教师是幸福的。回想他们以前初上讲台时，没有前辈、没有师傅、没有专家，只能依靠手头的书籍、报刊资料。那时候的他们为了一节课会花费数个日日夜夜，在一次次实践尝试中才能总结出宝贵的经验。他们的辛苦以及走过的无数弯路，着实为如今的我们带来了无限的捷径。是啊！作为青年教师的我该庆幸，庆幸学校对我们教学专业发展的重视，庆幸教学专家们的倾囊相授。

现如今，人才柔性流动早已成为了一种普遍又有效的交流学习方式。有幸，在学校的牵线下，我能遇见这样一位专家，我常亲切地称她为"大师"。

居老师让我印象最深的是她的一个举动。居老师第一次听完我的课，自然少不了研讨活动。"专家"难免使我不由地充满敬意，没想到的是她开头第一句话便是"小王，来，坐我身边"。和蔼的态度使我备感亲切。研讨的过程中，我更是被居老师脑海中丰富的题量以及大胆的设想所震撼。没多久，"嘉定区第十届青年教师新秀评比"如期而至，在居老师的指导下我顺利进入复赛，为期短短一周的准备中，居老师的专业水平再一次触动了我。最终，我获得了小学数学组一等奖，因此我感受颇深。

一、教学设计要有整体意识

教学设计是课堂教学的蓝本，是落实教学理念和指导教学行为的方案，是提高课堂教学效率、促进学生全面发展的前提和保证。小学数学教学设计是一门科学，必须遵循一定的教育、教学规律，依据课程内容、学生特征和环境条件，运用教与学的原理，策划师生学习互动活动。它也是一门艺术，必须融入设计者的丰富经验，分析教学中的问题和生成的可能，设计出有效的数学教学的方法和策略。教学设计的优劣很大程度上决定了一堂课的质量，教学设计更是一堂课的灵魂。万事俱备方能水到渠成，其重要程度不言而喻，也是最难的开端，是居老师为我打破了屏障。

(一)从教材教参着手，紧扣教学目标与重难点

《解决问题(1)》是沪教版四年级第二学期《复习与提高》中的内容。本课是让学生在经历解决实际问题的过程中，进一步掌握分析、解决问题的策略和方法。针对这一学习目标，在居老师的引领下，我提出了一个"殊途同归"的思想：大胆地将数学问题归纳与成语相结合，帮助学生理解与应用——一题多解的方法。

同时，紧扣教材着力于解决重难点，借助"树状算图"的形式引导学生在解题过程中叙述解题思路。也借助线段图的形式更直观地呈现出学生的思维过程，重点追问学生每一部分所表示的实际意义。

(二)数学来源于生活，注重结合学生生活实际

考虑到学生已经积累了较为丰富的解决问题的生活经验和知识经验，居老师提出无论是问题的引入、新知的学习还是问题的设计，都应该选择贴近生活的内容。

1. 生活情境要实现生活化。居老师提出：教师在为学生创设生活化教育情境的过程中，不能只是简单地进行生活再现，不能为了实现数学生活化而过于强调。

2. 联系生活只是教学手段。在新课标的要求下，小学数学教学要以学生的认知能力以及生活经验为基础，将实际问题与教学充分结合，进而帮助学生在生活中运用

数学知识解决问题。因此,教师要认识到生活化只是一种教学手段,其目的是提高学生的数学能力,通过情境创设,激活学生生活经验,引导学生通过生活经验掌握以及巩固数学知识。

因此,教学内容大多要与生活有紧密的联系,贴近生活。

(三) 合理设计练习,强调练习多样性与层次性

教师应该更注重对学生思想方法的培养,给予学生更多的时间来主动探究规律,让学生自主经历猜测、试验、尝试、归纳等一系列科学学习的过程。事实证明,没有发自内心参与这系列系统学习的孩子,在经历一定周期的遗忘规律后,必定对原有知识遗忘得更快。因此,常常会遇到相似的习题换了数字、换了情景、换了顺序后学生就变得束手无策的情况。合理设计练习便成为了重中之重。

1. 从练习的形式出发,强调练习的多样性。单一的练习形式势必限制学生的思维发展,将一般的书面练习改头换面,增加选择题、判断题等集体手势表示的形式,促进学生手脑并用,注意力高度集中。同时,老师又能获得最及时的反馈。抑或是,在本节课中,重点并不是简单的"解决问题",而是让学生说意图、说想法,培养学生有理有据地进行思考,并引导学生能够使用准确的、规范的数学语言进行表达。

2. 从练习的层次出发,保证练习的循序渐进。根据《义和教育数学课程标准(2011 年版)》所提出的要求:"数学教育要面向全体学生……不同的人在数学上得到不同的发展。"避免一刀切,遵循学生的认知规律和知识的结构特征,设计的练习应当由浅入深、由易到难、环环相扣,为学生提供阶梯式的练习环境,使不同层次的学生都能展示各自的数学能力。如本节课中,在居老师提示下,安排了几大层次。基础性练习:与例题相仿,旨在全体学生能够掌握理解;对比性练习:与例题相似但实际不同,加深学生在不同情景下的知识延伸能力;开放性练习:小组合作的形式,学生的团队协作精神得以充分的发挥。集思广益,不同的学生有不同的思维方式,都将得以体现。

二、课堂教学的行为举止有大气感

有了教学设计,将想法实施也是艰难的一步。青年教师,想要上好一堂课必然艰难。而教师良好的课堂教学行为对学生的学习活动有积极影响,对提高课堂教学效率有一定的推动作用。教师在课堂上的一言一行、一举一动,都对学生有着潜移默化的影响。正是这些微小的细节,能够体现教师的教学思想,反映教师的教学水平。关注这些课堂细节,就是关注我们的教学行为是否符合新课程的理念。只有关注细节,才能使课堂教学焕发更大的生命力,才能促进每一位学生的发展,有效地提高课堂教学的质量。

(一) 语言的严谨与规范

都说数学是一门系统性、逻辑性极强的学科,应将严谨性放在首位。对于青年教师来说,唯一的方法只有从专家前辈身上不断地学习如何在课堂上使自己的语言更严谨、更简练。居老师给出了好方法,她建议我写一份详案,将在课堂上的一字一句全部写下来,再逐句研读,字字提炼,以做到严谨,将详案记在心中方可走进课堂。在这节评比课的准备过程中,通过一稿稿的修改,我的试教一次次有所提升,改掉喜欢自称"王老师"的坏习惯;简练的数学概念;从一遍遍的重复解释到引导提示学生说;"理由""为什么?"简单的一句追问……这些改变看似微不足道,但着实为课堂增色不少。

其实,教师严谨的语言能大大地提高学生学习知识的效率。教师的任何语言对于学生来说都起到了一种表率的作用,严谨的语言不仅提升课堂的品质与效率,更能让学生从中模仿、学习,培养学生也能使用规范、严谨的数学语言来表达数学公式、数学概念、解题思路等。从而,使教师与学生的教与学变得更加高效。

(二) 评价的及时与多样性 ·

评价一直是课堂教学中的重要环节,为了提升学生学习的积极性,评价应该充满激情、肯定,具有一定的导向性。在这一方面,居老师同样给我支了许多招儿,更是当面为我情景演示。

通常，最常见的评价方式大抵都是"学生回答，教师给予评价"的方式。居老师却另辟蹊径，她问我："学生评价学生的方式，你觉得怎么样?"在练习环节中，让学生做小老师说一说解题思路，其余的学生做一做评价。起初，我还担心学生会无法掌控，但在课堂中却收获了意外的惊喜。给我印象最深的便是在评比课当天，学生在没有了条条框框的约束下，个性得以最大化的发展，一位学生评价说："满分是 10 分的话，我给某某小老师打 8.5 分，思路很清晰，我们都能听得懂，就是稍微有些啰嗦，如果更简练的话就好了，我觉得应该可以这么说……"由此可见，这样的评价方式不再针对一位学生，更使全体学生去思考、去体验、去反思，这样才能更好地培养学生善于思考的能力。

在青年教师的成长道路上，不断的学习与借鉴是必不可少的。感谢有学校的前辈教师的督促与提点，感谢有专家的倾囊相授。通过一次次与专家前辈的学习交流，我不仅收获了真实的教学课堂，也懂得了有一种教学思维叫大气。

(执笔：王家俊)

⚑ 实践智慧 2 - 6   1＋1＞2 的集体智慧

教师是教学活动的组织者、引导者和合作者,是教育目的的具体执行者和实施者,教师的教育理念、知识结构和专业能力等方面的专业化水平对教学质量有着重要的影响。教师的专业发展是一个长期的、持续不断的过程,随着信息技术的高速发展,社会对教师工作质量和工作效益的要求日益提高,教育要发展,教师就要先成长,而专业引领是实现教师可持续发展的源泉。

一直以来,学校都十分重视教师专业发展,特别在青年教师培养模式上下了不少功夫。为促进青年教师健康快速成长,从根本上提高教育水平和教学质量,学校充分发掘教研组内各成员优势,群策群力,在提高青年教师专业素养的同时注重资源共享,为青年教师搭建成长的舞台。

一、专业引领下的理论指导促课堂实效

专业引领实质就是理论对实践的指导,是理论与实践之间的对话,是理论与实践关系的重建。做一名优秀的教师首先就要具备扎实的基本功、深厚的知识素养。课堂教学具有特色,对传授的知识与技能驾驭自然是基础。学校利用骨干团队的"实践专家"现身说法,为青年教师树立身边的榜样,帮助青年教师磨课,解读教学目标,解析课堂教学设计要领,关注学生学习素养提升,让青年教师少走弯路。

1. 关注学生的发展，科学分配课堂时间

课堂时间分配更为科学合理，更突出体现基本部分的核心地位，不仅优化了教学的时间配置，也为在基本部分的重点讲解、教学提供了保障。课堂是教学的主阵地，合理分配教学时间尤显重要。在以往的教学中，老是觉得学生无法理解动作技能要求，会花费大量时间讲解，导致学生练习时间不足，练习负荷及密度不够；热身和放松也往往一笔带过。经过组内教师的指导和建议，青年教师的教学观有了转变，主要表现在：呈现知识发生的时间不会能省就省，学生思考练习的时间也逐渐留足，教师精讲学生精练，有效促进了学生体质发展。

2. 关注教师长足进步

从踏入体育组的那一刻，组内的老教师就提要求，下达命令，必须吃透《上海市体育与健身学科课程标准》和教材，并躬身力行，指导年轻教师认真分析学情，从教学内容的处理、教学方法的选择、教学方案的设计、教学过程的组织等方面做到一丝不苟、精心设计。学校对新教师的"亮相课"、"汇报课"、"展示课"三课开展教学评估，利用《课堂评估细则》对教学行为素养进行专门的评价，从一组组数据分析，经过时间磨练，教师的教学水平和教学素养得到了提升，教师课堂行为、技能、方式等方面都有了很大的进步。

二、专业引领促教师专业发展共同体的形成

专业引领是促进教师成就自我、不断走向深入的必经之路。而教学实践是让这条路走得更远更好的重要途径，其中磨课应成为教师专业成长的平台，磨课使参与者和任教者经历了一个深层次的专业对话过程。

1. 团体学习催生新思路

在教学过程中困扰青年教师最多的是教学内容的选择、教学手段的运用、教学方法的优化和教学评价的开展，还有处理遇到问题时找不到理论支撑。在学科组骨干教师的引领下，在磨课活动中组内教师各显所能、相互切磋、互动交流，分享各自的专业智慧，展示自身的专业素质，开拓了大家的专业视野。例如在"后滚翻接跪跳起"一课

磨课时,有的教师针对"后滚翻推手不及时"的问题,建议通过用形象的PPT"小球上坡下坡"的演示,让学生明白推手时机对完成动作的影响;有的老师针对课前辅助多的问题,建议先让学生自行练习,自己发现课的难点,培养发现问题的能力;有的教师针对"老师讲得多、评价少"的问题,建议通过让学生充分发表意见,尽可能地培养学生的语言表达能力。

2. 共同愿景助共同成长

老师们从不同的角度观察了教学现场,从各个方面提出了个性化意见和建议,其中的合理因素不仅有利于任教者改进课堂教学,而且也为所有参与者从整体到局部、从宏观到细节审视和优化教学过程提供了启示。

通过磨课,唤醒了教师深藏于心的研究意识,使我们一次又一次体验到了教师职业的专业要求和技术含量。为了一个共同的目标而相互协助,使任教者和其他参与者进行最大程度的交流与对话,使所有参与者与磨课共同成长的理念得到落实;磨课充分尊重任教者的劳动,把任教者的个人智慧和其他参与者的集体智慧有机整合在一起。

三、专业引领,务实教研,实现教师成长的可持续发展

放弃专业引领或专业引领者的水平低下,都会使教研活动的同伴互助成为一种低水平的徘徊。体育教研组以课例剖析为抓手,进行学科教学研究,利用教研组的资源优势,每两周集中安排一次反思研讨式教学。

1. 把握顺序提高团队教研意识

通过"定题定位—独立思考—集体研讨—引导反思"的活动顺序组织共同的研讨活动,让老、中、青三代教师真正实现互助互学互长。针对教学研讨制定了要求,在研讨过程中每人都主动参与和发言,并没有将活动当成一两个人的事情,在集体讨论交流中相互沟通感情,共同提高,增强了教师的团队意识和合作意识。

2. 把握连续性促持续成长

体育教学内容是"系列式"的,在磨课研讨中一般会考虑教材内容的内在联系,保

持内容的连续性。教研组长认真组织老师相互同科评课,阅读各种教育教学杂志、学习新的教学动态和前沿的教育理念,同时,定期开展说课、展示课、模拟上课的经验交流,为我们青年教师展示自己教育教学技能和教学成果提供了有效平台,也让我们在教育教学工作中较快地走向成熟。

四、群策群力显特色,学科团队共成长

学校在我们青年教师实习阶段就开始了"以老带新"的师徒结对活动,在上课各环节严把"质量"关。作为理论联系实践的桥梁,教学模式的建构对一线教师的教学实践具有重要意义。而带教师父,通常由于既具有一定的理论素养,又扎根于教学实践,可谓联系着理论与实践的两头,成为青年教师成长的第一标杆。

教研组在每一次磨课中都针对教材的重难点、学生学习的弱点与知识的缺陷上下功夫,找出最佳方案,突出重点、化解难点、填平弱点、克服缺点;在课程目标、流程以及活动上精研推敲,共同打造出一节节精彩的体育课堂。

五、让专业引领成为教师成长的强力引擎

通过几年的实践,我们学校探索出了行之有效的教研组专业引领策略。教研组具有较强的团队协作精神,是促进教师专业成长的催化剂。力争在和谐宽松的环境中相互协作,相互竞争,挖掘自身潜能,不断提升自己的教学水平。青年教师的公开课,从备课到上课实践,从资源整合到多媒体课件制作,从内容选择到综合实践活动,从教学反思到研讨共享,都是群体性活动,都是全组人员共同参与,教研组长组织好集体备课期间的交流学习、互通信息等活动,以及课后的说课、评课和反思活动。在教学内容的选择上突出多元化,在教学活动的设计上趋向结构化,丰富而鲜活的内容,提高了学生的学习兴趣,结构化的设计让课堂更加科学而富有张力。

教研组是一所学校最基础、最重要的组织,完美的体育课堂从来都不是一个人能做到的,只有教与研形成共同体才能去激活体育教学的"中枢神经"。理论需要联系实

践,体育教学只有在"做"中才能学会"做",只有在真实的问题情境中才能提高解决问题的能力,也只有在真实的团队研究中才能历练团队,要相信 $1+1>2$ 的集体智慧,更要让专业引领成为教师成长的强力引擎。

（执笔：刘思）

第 3 个密码

项目负责：在团队中寻找个人坐标

有一种成长叫作"我曾经亲历过"，有一种信任叫作"你能行"，有一种担当叫作"让我一起来"。教师生命成长的周期是有限的，但是找准人生坐标而为此奋斗所产生的价值是无限的，这种能量能够催化教师对职业的认同感、亲近感和创造力，有一种化腐朽为神奇的力量。项目负责制实现了从"要我成长"到"我要发展"的心路历程，从一个人行走到一群人同行的向心力，从眼中有教材到心中有课程的教学境界的升华，从眼中有孩子到心中有未来的育人观的提升。

实践智慧 3－1　“煮”出语文课本的别样风味

实践智慧 3－2　乐在纸间，美在指尖

实践智慧 3－3　课程，也是孩子眼里的世界

实践智慧 3－4　飞舞在彩线上的手指芭蕾

实践智慧 3－5　课程在智慧众筹中生长

项目负责制就是以项目的策划到实施的全过程为工作核心,以项目预期目标的实际完成情况为考核内容,根据考核结果对项目负责人及项目团队予以评价和奖惩的一种管理模式。它可以鼓励创新,具有可操作性和可控性,为教师个体的发展和团队成长留足了创新和发展的空间,可以最大限度地将竞争机制、激励机制、约束机制、奖惩机制等有机融合在一起,从而提高学校管理工作的科学性、针对性和有效性。它与美国著名管理大师德鲁克首创的目标管理相类似。

　　让每位教师都参与到学校重大项目的建设、重要决策的产生、重要改革实践的过程中,让他们找准自己专业发展的短板、增长点、突破口,通过做事的方式来转变理念、改进方法、提高效益。

一、聚焦问题,驱动内力的行动变革

　　在推进学校课程建设的过程中,我们经常要回答"课程建设的主体是谁"这个问题,有观点认为是专家,也有观点认为是校长,还有观点认为是教师。我们认为,这三个观点都有道理,只是不够全面。专家、校长、教师都是课程建设的主体,他们各自的站位不同,所以对课程建设承担的责任也不一样,但他们在课程建设的过程中都发挥着举足轻重的作用。专家,更多地从宏观视角定位区域课程的理念,规划区域课程的设置、学时安排、执行标准、监测依据等;校长,作为学校课程的领导者,更多地着眼于梳理学校文化与课程间的关系、确立课程理念、执行国家课程、开发校本特色课程、研究控制课程管理的机制;教师,是课程建设的最直接付诸者,他们既是国家课程的演绎者,又是校本特色课程的开发者,更是课程与学生之间的架构者。在这三个主体中,直接作用于学生的是教师,教师对课程的理解、重构、实施直接关系到课程建设的品质。

（一）整体布局。采用项目负责制的方式,可以充分调动积极性,发挥教师内驱力,让每一位教师参与学校课程建设的全过程,能够开阔教师的视野,转变教师的学生观和课程观,提高教师的课程执行力。

将学校年度目标分解为若干项目,借鉴企业管理经验,规范项目流程,从发布、招募、审核、实施、评估全过程管理,引导每位教师找到自己的课程坐标,发现自己的专业价值,挖掘自己的无限潜能,在做事中思考发展定位,在做成事中提升专业能力,享受教育生活。

（二）点面结合。以"紫荆花"课程项目推进为例,推进经历了三个阶段:第一阶段,人人参与学校课程指南的编写。通过智慧众筹的方式,组织教师论坛,基于学校办学理念,确定学校课程哲学。我们认为课程即绚丽的生命历程、个性张扬的情境、文化的亲密相遇、灵动的多元组合,是活的、变化的和流淌的。因此,课程的中心是儿童,从儿童的需求出发,归宿于儿童的发展,确定了"让每一朵紫荆花绽放得更加艳丽"的理念。第二阶段,通过个人申报制,落实基于"教学主张"的课程纲要编写和长短课程的开发。短课程是国家课程的延伸,知识链的补白;长课程是教师潜质的挖掘和国家课程的衍生,实现"我的课程我做主"。第三阶段,通过委任制和招募制,完成特色课程群建设和特色项目的培育和发展。围绕学校课程框架,逐步完善学科特色课程群、兴趣爱好课程群、主题实践课程群、仪式典礼课程群和节日文化课程群建设。以课程建设项目为典范,改变传统工作流程,将理念内化为行为。

二、任务驱动,项目负责制的实施路径

项目负责制遵循目标导向的原则,以任务驱动的方式指导教师在做事中寻找发展的增长点,发展优势补增短板。

（一）项目的来源

采用项目负责制的方式推进教师专业发展,首先要回答的是项目的来源。学校年

度重点项目来自三个层面：学生、教师、学校。学生未来发展的需要是年度项目确定的首要依据，学生需要怎样的课程、怎样的教室、怎样的课堂、怎样的校园环境等都成为学校确定项目的重要依据；教师当下和未来发展的需求是年度项目确定的第二依据，教师自我专业发展的需求和增长点，在很大程度上决定着学校教育教学质量的提升，满足教师专业发展的需求是学校未来发展的根本；学校发展规划既定的目标，需要分年度来聚焦、细化、落实、改进、提升和调整。这三个层面，聚焦的是学生成长和教师发展，归宿是学生成长。还是以"紫荆花"课程建设项目为例，它来源于学生发展需求和学校发展需求，实施主体是教师，满足学生需求，促进学校发展。以课程建设为载体，既促进了师生共同发展，又有效提升了学校的办学内涵。

（二）项目负责制实施的路径和方法

如何实施是提高项目执行率的关键所在。我们采用的路径是：发布项目—确定负责人—细化方案—招募成员—工作分工—专家指导—项目改进—成果展示—绩效评估。

还是以"紫荆花"课程项目为例，在确定负责人流程上，我们采用的是招募制和委任制。发布项目后，我们先采用招募的方式，由教师提出申请和项目实施的初步方案，学校课程领导小组对申请做出初步评估打分，按得分高低决定项目负责人，少部分课程则直接委任骨干教师承担项目负责人，以便更好地发挥特长落实工作要求。在招募成员过程中则采用淘汰制和组合制，根据成员报名和申请书的质量，择优汰劣。"紫荆花"课程项目组发出通告后，有十多位老师提供了自己的课程纲要，学校根据纲要的科学性、规范性和逻辑性原则，选择合适的课程做重点指导，落实具体行动。张京芬老师的"课文中的舌尖文化"课程的录用，就是因为张老师选择了语文教材资源，对国家课程进行了二次开发，与学生生活世界形成链接，很好地实现了国家课程校本化实施的目的；张艳萍老师的"玲珑钩钩"课程，将传统的中华手工艺术介绍给孩子们，在鉴赏、制作、创编过程中培养孩子的工匠精神；"上海的博物馆之旅"课程，内容和体量都比较大，项目组采用委任制和组合制的方式，将课程开发工作交付给教工团支部，由12名团员青年自由组合，设计方案、编写纲要、实地勘察、采集照片、搜集信息、完成文案、统编调整,最后刊印成册。

(三)项目负责制的考核评估

从工程管理的角度,项目完工交付使用、流程规范、使用者满意就是其最好的绩效。从学校管理的角度,项目负责制的成效如何,其评价权在教师和学生。我们以师生对项目的满意度来评估项目的成效。最常用的方式有三种:使用者发言、观摩者评估、活动成效展示。以课程项目为例,课程的受欢迎程度是评估项目成效的第一原则;以体质健康促进项目为例,我们主要以学生年度体质健康水平提升指标为评估依据;以灵动安亭主题实践活动为例,学生参与活动的积极性和主题实践活动内容设计的受欢迎度,成为了评价的重要指标。举办年度项目实施成果发布会,由项目组成员介绍实施过程、学生的参与程度、教师的自我感悟,接受全体非项目组成员的评估,也是对项目负责制进行评估的另一种形式。还有一种是通过活动来实施的课程项目,则更注重教师对活动的策划、学生在活动中主体作用的发挥、师生在活动过程中的情感体验和行为变化,注重参与者的自我评价,活动流程全部结束,评价也结束,这样的评价指向内心的感受和精神的成长。例如:仪式典礼课程项目。

三、师生双赢,实现学校管理的绩效增值

我们始终将在做事中成人成事作为项目制改革的最终目的,将服务于学生发展和促进教师成长作为工作的出发点和归宿点。

项目负责制,在一定程度上培养和发现了一批能做事、会做事、做得成事的优秀教师。在"紫荆花"课程项目中,学校通过购买服务的方式开设了棒球课程,服务方只能提供技术培训,没有完整的棒球文化、技术、规则、比赛、观赛内容,这样不利于该项目在学校的中长期发展,项目组委任体育教师开发校本棒球特色课程,指导教师编写课程纲要,选择适合小学生的课程内容,组织全年级段实施,最终形成校园棒球文化。体育教师在专业指导中学会了编写体育特色课程,学会了棒球技术指导的方法,并将课程落实在课堂教学的过程中。该项目作为二年级的体育特色发展项目,每位学生都掌

握了棒球规则、技术要领、团队配合方式,被列入区级体育传统布点项目,该体育教师也被推荐为上海市体育学科骨干研修班成员。是项目提升了教师,也是教师成就了学生,成就了学校特色项目。

项目负责制,也在很大程度上推动了学校课程教学改革的不断深入。跨学科统整研究项目招募令发出后,有三十多位教师报名参与,项目负责人为了不打击大家参与课程改革的积极性,采用以点带面的方式,由项目核心组成员先行先试,编写操作手册、注意事项、实施建议,然后在全校推广,基于主题的跨学科统整研究有效地提高了学生的综合素养。

项目负责制,考验着每位教师的专业能力和专业素养,让每位教师参与到课程建设中,在课程建设中提高站位、开阔视野、精准施教,让每位教师从容自信地耕耘在紫荆园中。我们认为,发现教师的价值、成就教师的理想、树立教师的新形象,是教育应该做的最朴素而有价值的事情。

(执笔:朱英)

⚑ 实践智慧 3-1 "煮"出语文课本的别样风味

校本课程的开发与实施,是新课程赋予我们的新使命,有益于学生个性发展和学校特色的提炼,不仅是教师成长的需要,也是素质教育的需要。

我的校本教材开发之路始于 2015 年。确立目标理念,构思起草框架,搜集课程素材,设计体验活动……怀揣一腔热情之际却遭遇瓶颈,总觉得自己的设想脱离了文本,游离于学生生活之外。几度困顿,几番求教,对照专家的指导,我渐渐悟出:校本课程不是"学术性"课程,不是"权威性"课程,它的开发与实施应该以满足学生的兴趣和需要、促进学生个性的发展为核心元素;应从学生的兴趣、爱好、需要出发,根植于学生原有的学习基础之中。为此,我把目光聚焦到了我和学生都谙熟的语文课本上。

一、基于学生,确立目标,疏通风味之脉

小学语文课本,是学生学习语言文字的重要载体与平台。认真梳理中高年级六册语文课本,"舌尖文化"这个关键词渐渐浮出课本。舌尖文化即美食文化,是以饮食为载体,体现一个国家、一个民族或者一个地区特色的一种文化。中华民族千年文化发展史,创造了极其丰厚又极富特色的传统文化,其中饮食习惯、特色饮食、地方风味等构成了灿烂的中华舌尖文化。

（一）回归生活，唤醒经验，明确课程理念

回归生活是新课程改革的必然归属。舌尖文化融于社会生活，具有浓厚的生活气息，其中包涵的文化资源，无论是显性的还是隐性的，都可以让学生联系已有的生活经验，形成对地方饮食文化的感性认识，体会它们对生活的影响力和深远意义。

舌尖文化的体验重在实践，而实践恰恰是儿童认识世界、了解世界的一种重要的学习方式。通过近距离接触美食，了解饮食习俗；围绕美食文化开启体验之旅，感受中华民族独特的民风民俗；深挖民俗内涵，体验民俗趣味。这一切，都是培养学生热爱家乡、热爱民族的情感的有效途径，也是以学导行、促进传统文化的传承和发展的可行之道。

（二）以生为本，关注发展，确立课程目标

课程目标是课程本身要实现的具体目标和意图，是课程教学中品德、智力、体质等方面期望实现的程度，是确定课程内容、教学目标和教学方法的基础。新课程背景下的教师，不仅仅是一个文化的传播者，更是一个潜能的开发者、学习的促进者和发展的伴随者。通过本课程的学习，作为学习主体对象的学生，可以获得多元的体验与收获。他们可以了解传统饮食的基础知识，培养健康的生活理念；可以尝试收集筛选整理资料信息，可以积极动手参与实践操作，其综合能力会得到锻炼与提高；可以独立发表见解，可以和同伴互相分享交流，可以在团队中互相合作；可以了解到我国传统饮食文化的丰富多彩和源远流长，从而激发民族自豪感。

小学语文教材洋溢着浓郁的舌尖文化气息。一朵沁人心脾的茉莉花，会让人联想到一杯芬芳馥郁的茉莉花茶；一段清新的春景，会让人联想到各种诱人的春季小吃；跟随作者的脚步走进他们的故乡，各种特色小吃，一路扑面而来……这种文化气息既根植于课本，更根植于中华民族传统文化。在学习欣赏灿烂的文学艺术的同时，引导学生了解我国传统饮食文化，探求美食的文化渊源和美食的营养价值，感受饮食文化的博大精深。这样既可以培养学生健康的生活理念，又可以在探究中锤炼信息素养，学会求知，学会做人，学会合作，为健康全面地成长奠定扎实的基础。

二、源于文本,优选资源,编制风味之谱

本课程以"课文中的舌尖文化"为题,以"经典"为主线拾掇贯穿,以小学中高年级语文课本为基础,以经典诗文连接我国传统饮食文化,一学期一册教材,共六册。每一册共有16篇课文,每篇课文依次由"诗文赏析"、"美味连接"、"模拟厨房"、"回味无穷"四个模块组成,从文化熏陶、操作技能、情感品质等角度,丰富学生的情感体验和文化积淀,丰富学生的文化内涵。

(一) 诗文赏析

结合沪教课标版语文教材,精选诗文片段,有经典诗文,有散文集锦,有名言警句。组织学生开展诵读、赏析,感悟中华民族语言文字的魅力。第一册中的首篇《茉莉花茶》,从《茉莉花》这篇课文中选取了一个片段,让学生读一读、赏一赏,回顾欣赏茉莉花从含苞欲放到吐露芬芳的过程,感受茉莉花的淡雅与清香,从而自然过渡到中国名茶——茉莉花茶。

(二) 美味连接

以第一模块中的诗文为切入点,从作者、内容等角度拓展,连接到富有地方特色的著名饮食小吃,连接中华传统美食文化,概括性地了解其发源地、由来、蕴含的名人文化典故等,为学生拓展文化视野。在了解中华饮食的历史、文化的过程中,感受中华传统饮食文化的源远流长,激发民族自豪感。第二册中的《朱子孝母饼》一课,以朱熹的诗文导入,然后在了解朱熹的生平时重点介绍他对母亲的感恩之心和孝顺之举,继而引出"朱子孝母饼"这个地方特色小吃。由一个饼探寻出一位著名诗人,探寻出一段名人佳话。

(三) 模拟厨房

通过生动的图文介绍,了解某项小吃点心的食材、营养成分和制作流程等,并通过老师指导,现场进行简单的操作,在互相合作中体验美食制作的乐趣,在品尝分享中感

受团队的和谐与温暖。教学第三册中的《菊花茶》一课，我们在课堂上通过媒体演示、老师现场指导、同学之间互相学习模仿等形式，在课堂上学泡菊花茶，听着悠悠的音乐，悠悠地品着清茶，悠悠地聊着菊花茶的功效，这种散发着别样风味的课堂，让孩子们既有所得，更有所乐、有所醉。

（四）回味无穷

每一篇课文中，都安排了亲子互动的内容。学生可以与家长一起围绕所学的知识，进一步感受该美食中蕴含的人文情怀。学生在家长的指导下，重温美食制作的乐趣，与家人一起分享劳动成果，弘扬尊老敬老、孝敬长辈的传统美德。学习第四册的《盐焗白果》一课时，我设计了安亭古树公园的课外实践作业，学生可以以小队活动、亲子游等不同的形式开展活动，可以在活动中一睹上海地区最古老的银杏树的风采，可以进一步激发学生爱家乡的思想情感。

三、立于实践，多元体验，精煮风味之道

中华民族千年文化发展史，创造了极其丰厚又极富地方特色的传统文化，其中饮食习惯、特色饮食、地方风味构成了灿烂的中华饮食文化。了解我国传统饮食文化，探求美食的营养价值，感受祖国文化的博大精深，既可以培养学生健康的生活理念，又可以在探究中锤炼信息素养，学会求知、学会做人、学会合作，为健康全面地成长奠定扎实的基础。不管是因为喜欢一篇课文才爱上潜藏在课文中的那道美食，还是因为爱上那道美食才喜欢那篇课文，或许两者本身就相辅相成。

结合我校实际情况，每学期安排12—16课时，面向3—5年级学生，每周开展一次兴趣活动，学生自愿参加。通过学习、体验与分享，引导学生主动探索、研究创造、综合解决问题。

（一）情景赏读法

课程的第一模块中呈现的是与语文课文有关的一些经典诗歌或者美文节选。"书

读百遍,其义自见"。教学中,通过老师范读、学生演读,再配以适当的图片和音乐作为背景来烘托,把无声的文字变成有声的语言,把无声的文字化作真挚的情感。

(二)分享交流法

课程的第二模块中呈现的是与美食相关的趣闻轶事。通过这些课外知识的学习,拓宽学生的视野,丰富学生的文化知识。引导学生养成良好的阅读习惯,博览群书,提高阅读量,丰富知识量,并且要乐于和他人分享,在分享中获得更多的收获。

(三)实践操作法

课程的第三模块中呈现的是美食制作,有介绍制作方法的,有提示制作要点的,有提供食材目录的。课堂上,老师和学生一起认识食材,按步骤进行加工,把食材转化为美食。学生在老师的指导下了解或掌握一些基本的小厨艺,同时也近距离感受到了饮食文化的无限魅力。

(四)亲情迁移法

课程的第四模块中呈现的是课后作业。在初步了解了美食文化的前提下,引导学生带着兴趣和家长一起继续探索美食的奥秘,探寻蕴藏在美食中的健康、养生常识,在共同探索中增进亲情,弘扬尊老爱幼、互敬互爱的传统美德。

四、反思评价,理性分析,提炼风味之效

校本课程的评价要以学生发展为基本原则,以促进学生学习态度、创新意识、实践能力、身心品质等为目标,要关注学生学习过程的转变,要从学生、教师和学校多方面进行全面评价。

(一)自我评价

学生的自我评价,融于每一篇课文的每一个环节之中。这些评价,可以非常灵活

地开展，也可以具有一定的仪式感。在课堂学习中，自我评价者要有意识地对教师的讲析、同伴的发言从评价角度、评价方法、评价观点、评价依据等方面作一番对照，看看别人在哪一点上比自己站得高、看得远、讲得透，看看自己有没有独到的见解，对照他人来进行自我评判。另外，学习者可以根据学习任务的要求，确定适合自己的学习目标，并对照目标对自己的达成度进行评价。

（二）互动评价

本课程的互动式评价，可以是学生和学生之间的，可以是教师和学生之间的，也可以是家长和学生之间的，形式多种多样、灵活多变。

互动评价方式有利于学生互相学习优点、改正不足，也可以锻炼自己的判断是非能力和口语表达能力，不断地发展和完善自己。如在"诗文赏析"环节中，主要是开展朗读活动。朗读时，学生听到老师赞赏评价，内心会不由自主地发出挑战，跃跃欲试。在评价中，学生不仅学会了朗读，更培养了竞争意识，这对学生的未来发展具有非常重要的意义。

互动评价应以激励为主，在捕捉甚至放大其闪光点的基础上，在充分给予肯定和表扬的基础上，让学生感受到教师和同伴的真诚，激励学生积极思维，营造一种既轻松和谐又积极向上的学习氛围；让学生在评价中调动关注评价、参与学习的积极性，在评价中交流，在交流中学习，在学习中进步。这样的评价，更能够形成"共同提高，全面发展"的良性态势，使课堂评价真正有效地促进学生的发展。如：

评价表

评价板块	评价指标	自我评价	家长评价	互动评价	综合评价
诗文赏析	☆☆☆☆☆	☆☆☆☆☆	☆☆☆☆☆	☆☆☆☆☆	☆☆☆☆☆
美味链接	☆☆☆☆☆	☆☆☆☆☆	☆☆☆☆☆	☆☆☆☆☆	☆☆☆☆☆
模拟厨房	☆☆☆☆☆	☆☆☆☆☆	☆☆☆☆☆	☆☆☆☆☆	☆☆☆☆☆
回味无穷	☆☆☆☆☆	☆☆☆☆☆	☆☆☆☆☆	☆☆☆☆☆	☆☆☆☆☆

（三）总结评价

每到期末学完整个课程，针对上述三类评价作一个总结评价。根据星级数量，评选出诗文赏析板块的"朗读小明星"、美味连接板块的"分享家"、模拟厨房板块的"小厨神"、回味无穷板块的"小小美食家"等奖项，记入学生成长手册。

随着校本课程的开发与实施，一系列自学、培训和讨论，给我们带来了思想观念的转变和课程意识的提升。在思维碰撞中，我们的观念发生了根本性的变化，我们渐渐由课程的最忠实的"执行者"向课程的"开发者"过渡，并且真切地体会到了重视学生的学习需要的重要性。一路走来，虽有过迷茫，有过挫折，但更多的应该是希望、是欣喜。看到自己的课程在课堂上实施，让课堂多了一道风味，自己的内心也随之充实。

品质源于经典，经典源于历史，历史源于传承。愿校本教材《课本中的舌尖文化》能进入学生的视野，更能进入学生的心田，并深深植入紫荆小学这片沃土。

（执笔：张京芬）

⚐ 实践智慧 3-2 乐在纸间，美在指尖

拓展性课程是以培养学生的兴趣爱好、开发学生的个性潜能、完善学生的认知结构为宗旨，具有一定开放性的课程。衍纸是一种简单而实用的折纸艺术，它是以专用的工具将细长的纸条卷起来，通过拼、贴、组合等方式进行创作。衍纸艺术造型丰富、制作简单、作品精美，既能激发学生的学习兴趣，又贴近学生的生活，为学生提供艺术创作和发挥想象力的空间，使学生获得快乐和满足，这对学生身心健康的发展、创造能力和创新精神的培养有着巨大的积极作用。

本课程的理念是：乐在纸间，美在指尖。由于衍纸的制作需要手指的灵活配合，因此课程开设面向四、五年级学生，选材上由易及难，通过作品欣赏、教师示范指导、学生动手实践、创意想象等活动让学生感受衍纸的魅力和乐趣，在动手创意的同时，培养学生的创新意识，提高感受美、创造美的热情。

如何将衍纸课程落到实处，让衍纸这一经典与时尚相融的艺术真正成为培养学生观察能力、想象能力以及审美和创造能力的载体，使其充分发挥作用？经过教学中的摸索和实践，衍纸课程的开发与实施日益走向成熟。

一、合理布局，层次分明

本课程以"趣味衍纸，平面创想"为主题，旨在激发学生的参与意识、创新意识，让学生在动手实践中，发现生活中的美、感知生活中的美。在课程内容上，针对学校及学

生的实际，选择了学生最喜欢的花卉。

（一）由简至繁，层层递进

课程分为"走进衍纸"、"精美书签"、"温馨卡片"三个版块。第一版块安排 4 课时，是衍纸入门的基础，介绍衍纸材料、工具及实用方法、24 种基本部件做法、7 种花朵部件做法、3 种衍纸作品组合。课程内容相对比较简单，主要让学生了解衍纸基本知识，欣赏衍纸作品，探究衍纸卷曲、弯曲、捏压的基本方法，感受衍纸艺术的魅力。第二版块，安排了 18 课时，内容上更丰富，难度上也有所提升，主要通过简单的衍纸基本造型的拼贴组合，进行布局构图，掌握生活中常见花卉的制作方法，将它们做成精美的书签，小巧精致。第三版块，安排 8 课时，内容和形式更多样，难度也大大提高，要求学生在完成作品的基础上，发挥想象，大胆创作，需要花样、叶子、背景制作组合，需要考虑配色、组合搭配、造型位置，还要了解节日文化传统，设计属于自己的贺卡作品。

课程的三个版块之间密切关联，由浅入深，由易及难，从开始的入门基础部件学习，让学生感知衍纸，到小书签的制作，掌握衍纸的基本组合方式，再到卡片的独立创作，在整个的学习过程中，学生的动手能力、创造力也随之不断提升。

（二）从合作到独立，扶放结合

学习初期，很多作品是在老师手把手指导下完成的，在技术要领掌握上先采用两两合作，你按我贴，你卷我揉，时常四手联动。等每个人掌握了基本要领后再逐步放手，尝试独立完成卷、揉、捏、搓、贴，将工作步骤程序化，尝试借助辅助工具来独立完成设计和创作。

因此，从开始的每个作品由两至三人完成，到每个人都有自己的独立作品，再到小组合作完成一个个大作品，有分有合的学习安排，让孩子们能从学习中感受互助的快乐、分享的喜悦。

二、精心设计,培养能力

课程内容设计遵循密切联系生活的原则,花样的选择以学生喜闻乐见的为主,作品的应用以美化生活、陶冶生活情趣为目标。

(一)"走进衍纸"版块,重观察

主要以教师讲解为主,通过实物、图片、视频等,让学生们了解和学习衍纸和基本方法。学生们在观察欣赏的过程中,初步感受衍纸艺术的魅力,并能获得积极的体验和丰富的经验,从而有了进一步学习的兴趣和愿望。

(二)"精美书签"版块,重示范和模仿

主要以教师讲解和学生动手实践相结合的方式。教师的教学示范是最直接的教学方法,让学生能获得直观感悟,清晰明了画作步骤,集中注意力,发展观察力和思维能力。此外,在教学过程中还要做详细的分布引导,让学生了解、熟悉、掌握和运用各种衍纸方法。每个书签的制作用时 2 课时,在作品完成后,还设置了"纸上谈兵"的活动环节,让孩子们分享在制作过程中遇到的困难或成功的经验。这样的经验交流有助于他们累积经验,为下阶段的作品制作提供更好的服务。此外,课堂上还设置了"纸有艺术"的评比环节,为孩子们提供展示自我的平台,提升他们的自信心。

(三)"温馨卡片"版块,重创作和体验

通过前面两个版块的学习,学生已基本掌握衍纸作品的基本制作方法,因此卡片版块,只需要教师在制作过程中对构图、布局进行适当的引导,让学生自由发挥完成作品。在实践活动中,学生不断积累丰富的感性体验,促进创新思维的发展。当学生学会了基本的制作方法以后,在与小伙伴的交流中,就会不断产生新奇的想法,继而创造出令人意想不到的作品。

每个卡片的制作用时 2 课时,在作品完成后将进行"不纸如此"的展示活动,由于

每件作品都是独一无二的,是孩子们自由发挥想象完成的,因此请每位学生分享自己的作品,说说自己是如何设计完成的,这样既肯定每位学生的作品和努力,同时也激发了他们创作的兴趣,从体验衍纸艺术的快乐中,增强动手能力、想象能力和操作能力。

三、有效实施,灵活课堂

在衍纸课程实施过程中通过选编教材,网络查阅衍纸相关的图片、视频资料等多种渠道获取教学资源,面向四、五年级的学生开展教学。以一学年为一个教学周期,共30课时,每课时35分钟。实施方法如下:

(一)示范指导法

每节课上教师通过示范演示的方式,指导衍纸制作的基本技巧。教学示范是最直接、最具体、最直观的教学方法,让学习者能获得直观感悟,在教学过程中做详细的分步引导,可以更加明晰创作步骤,集中注意力,发展观察力和思维能力。同时再辅以适当的范作临摹,调动多种感官参与学习活动,在看、听、做、议、改的过程中掌握基本方法。

(二)围坐交流法

经常开展交流活动,让孩子们畅所欲言,谈制作的感受,讲制作时的技巧和应注意的问题,说制作时的想法和感受以及提出更好的建议,构思创作草图交流创作设想,通过分享交流提升对作品的表现力。围坐交流也是一种智慧分享,不仅能提高学生的语言表达能力,更能增进学生之间的友谊,形成良好互助的学习氛围,提高学生的学习愿望。

(三)合作互助法

有的衍纸作品可以独立完成,有些衍纸作品工艺复杂、耗时较长,创作过程中可以采用两人、三人或多人合作的方式。合作学习既是一种互助,也是一种交流,更是一种磨合。通过衍纸手工制作，可以增进学生间相互了解，体验智慧众筹的能量。

（四）展示交流法

学生的表现欲望都强，定期开展优秀作品展示活动，交流、回顾、总结学习成果，为学生提供表现实力、增强自信心的机会，以此激发学生的表现欲、提高学生的学习主动性和积极性。

总之，在课程的实施过程中，教师需要采取多种策略，将讲授、讨论、指导、交流等相结合，丰富课堂活动的形式，为学生搭建学校展示的平台，在实际教学过程中按需调整内容、选择教学策略，灵活地组织课堂活动。

四、多元评价，促进学习

衍纸课程评价应以学生制作衍纸作品的客观事实为基础，注重评价与教学的协调统一，尤其要加强形成性评价和自我评价。既要关注学生掌握衍纸艺术的知识、技能、方法的程度，更要重视学习态度、审美能力、审美价值等方面的评价。

（一）点赞式评价

教师激励性的评价能增强学生的成就感，在衍纸制作的课堂上，当学生想到别人没想到的东西时，需要教师向他们竖起大拇指。当学生互相合作互相帮助时，需要老师为他们鼓掌。当学生有进步时，需要老师说一声："这次作品比上次的更细腻"，让每一位学生充满自信，同时又明白自己作品的不足和改进的方法。

（二）评选性评价

每件作品完成后，通过自评、互评及师评的方式累计积分。根据所得到的星级数量，评选出"妙手生花"、"精彩创意"奖项，并向学生颁发奖状。评选出的优秀作品将在学校"六一"展品中展出，以此来激励学生。评价维度分为学习品质、学习水平、作品展示，一级目标下包含评价描述，参与评价的对象由学生自己、同伴和教师构成。评价单最后一行留给孩子们描述学习感受,统计获得星数。

得星数 55—60 颗,并在作品中包括多种基本卷的类型,能够制作出富有立体感的作品,颜色搭配合理,画面美观,可获"妙手生花"奖。得星数 50—54 颗,制作的作品整体布局美观,色彩搭配合理,具有丰富的想象力和创新能力,可获"精彩创意"奖。

总之,衍纸课程的开展和实施,不仅让学生感受到纸艺的神奇,体会到动手操作的无穷乐趣,而且使学生的动手能力、创新能力和审美能力得到了培养,启迪了学生的心智,陶冶了学生的情操,促进了学生身心健康发展。衍纸不仅具有独特的魅力,还有很多制作的奥秘等待我们去探索。每位学生都有创造的潜能,他们在学习中相互成长,手指尖流露出美丽。相信衍纸课程的开展与实施必将使每一位学生终身受益。

(执笔:阚春燕)

⚑ 实践智慧3－3 课程，也是孩子眼里的世界

作为一名青年教师，从单纯地撰写"学科教案"、"学科教学设想"到拥有一门属于自己的课程，既是自我专业提升的途径，更是一次课程观、学科观和学生观的重新定义。校本特色课程不仅打破了单一的长周期文化课课程模式，更是适应当下社会、经济发展的重要体现，更为学生提供了与时俱进的素养与技能提升的途径。拥有一种课程开发的决策机制，让其符合社会当下发展和学生迫切需求，更是一种教育的享受。

"一切资源皆课程"，校园环境是最好的资源和最好的课程，美丽的紫荆园里植被丰富，高低错落，四季变化分明，在孩子眼里是一幅幅画面、一段段故事，抑或是一个个问题，在我的眼中，那是一门门灵动的课程。于是，便有了"住在紫荆园内的植物"。

一、取自生活，巧用资源，发掘"紫荆园"之美

小学自然课本，是学生了解生命教育的主要载体。其中"植物的成长与变化"是学生了解自然生命的重要模块，学科基本要求中也提到了，学生将通过观察、比较，了解植物的基本特征、习性等，发现有些植物寿命很长，有些则很短。培养关注和研究生命现象的兴趣，感悟生命的变化，感悟生命来之不易，培养珍爱生命的情感。

（一）生活是课程的一部分

校园是孩子童年生活的重要场所，紫荆园里的每一株花草树木陪伴着孩子们成

长,春暖花开,姹紫嫣红;夏日艳阳,绿荫悠悠;秋风送爽,丹桂飘香;寒冬腊月,腊梅傲雪。每一株都演绎着生命的故事。还有园丁的精心呵护,清洁工的时时清理,发生在孩子们身边的生命故事,是课程的开始。

小学阶段的孩子天真烂漫,天天与这些植物相处,却也容易忽视它们的存在。未必能够准确叫出它们的名称,更不了解他们的生活习性、生长需求、科学价值。植物世界的秘密就在身边,培养孩子的观察能力、表达能力、实践能力,最好的资源在身边。让校园中的一草一木灵动起来,我愿意和孩子们一起去探索和发现校园植物,通过观察、记录、活动设计等形式了解校园植物的种类、习性、价值,进而学会爱护校园绿植、爱护校园环境、爱上美丽的紫荆园。认识校园植物,感知四季变化,记录植物生长过程,养成良好的观察记录习惯。增强孩子们对校园、对大自然的热爱以及保护环境的意识,建立人与自然之间的和谐关系。

(二)爱上住在紫荆园里的植物

根据不同年龄段学生的认知水平,国家课程中针对中小学生确立了系统的学习目标并设计了较有特点的教学内容,但是这些内容远远不能满足学生对自然界认识的需求。

而在我们身边的紫荆园里,从视线高处往下,有四季常绿的乔木、低矮葱茏的灌木、贴地的爬藤植物、四季绚烂的草本植物;从观赏角度分,分为观叶类、观花类、观茎类、观果类。对植物的认识可以从校园开始起步,慢慢引导孩子们开阔视野。在观察与学习的过程中,学着制作相应的"植物笔记",加深对校园植物习性、特征、作用等的认识,从爱生活、爱校园迁移到爱学习、爱自然。

因此,本课程的课程目标与小学自然学科目标要求紧紧相连,在紫荆园内众多植物中选取较有特色且适合学生们的植物品种作为学习内容,希望在学校了解校园植物的过程中,使学生"爱上住在紫荆园里的植物"。

二、联系生活,优化资源,探索"紫荆园"之美

本课程以"住在紫荆园里的植物"为题,以"爱上紫荆园里的植物"为宗旨,全课程

以"观察认识"为主线并与"植物笔记"的制作相辅相成。选择了22种不同种类的植物,每课依次由小知识、小链接、小图片、小作品、小评价以及小感悟六个版块组成,将"书面文本"与"亲身经历"相结合;将听说读写与"望闻问切"相融合,将课堂重心转向校园内和大自然,使整个学习过程有序而又连贯,在丰富学生自然知识的同时,凸显学习方法的多样性。

(一) 小知识

主要用于简单介绍植物的基本信息,在组织学生走近植物、近距离观察之前,通过三言两语使学生简单了解该植物的名称类别、基本特征。这是一个从文本走向实际的过程,也是学生学习知识具体化的过程。例如,第一课《五针松》:"五针松,为松科常绿针叶乔木。叶针状,长约3厘米至5厘米,细弱而光滑,每5枚针叶簇生为一小束,多数小束簇生在枝顶和侧枝上。五针松树皮灰褐色,五针松姿态端正,是观赏价值很高的树种。"几句话便对五针松的科目、叶子形态大小、树干颜色等方面进行了阐述。

(二) 小链接

在"小知识"的基础上,本模块更加细致地介绍了植物的生长环境、使用价值、人文价值、情感物语等。了解植物是从理性至感性的变化过程。第四课《红枫》介绍了加拿大盛产枫树,被誉为"枫叶之国",更是将枫叶用作国徽、国旗之中;也介绍了中国古代人们发现枫树广泛的药用价值,将其应用、记录传播,从而培养学生民族自豪感。向学生推荐阅读描写植物的诗词歌赋、名家名作,从而了解托物言志的表达方式,了解每一种植物都有他们独特物语和生命寓意。

(三) 小图片

本模块并不是简单地摆放两张图片供学生欣赏,考虑到植物季节性的不同形态变化的情况,在"小图片"中更全面地展示该植物的生命周期和四季变化。第三课《银杏》,考虑到银杏从栽种到结果的自然生长周期较长,紫荆园里的银杏尚不具备大量结果的能力,因此我在本课的小图片中增加了银杏果实的特写,避免出现知识断层。

(四)小作品

本模块为学生们提供了展示植物笔记的机会。以观赏、采集、制作、交流相结合的方式,先通过实地勘察、上网搜索和文献查阅等方式,利用课程中"小知识"、"小链接"学习了解植物基本信息。再通过制作植物笔记,衍生绘制手抄报、压制书签标本等动手操作形式,加深对校园植物习性、特征、作用等的认识,提升文字归纳表述能力和创新实践能力。

三、多元学习,亲身经历,体验"紫荆园"之美

"住在紫荆园内的植物"是一门具有实践性、研究性特点的校本课程,大部分内容的实施方式以"探索"为主。它不能仅局限于课堂教学,而是要走出课堂、走进校园,甚至可以走向社区去学习,是一个开放的系统学习过程。教师和学生可以在这个系统中,采取多样化的形式和途径,如讨论、交流、提出问题、查阅资料、调查研究等,充分利用校园、家庭、社区的资源和优势进行实践,使活动内容贴近生活,活动形式丰富多彩。本课程主要面向四、五年级学生,这个年龄段的孩子已经初步具备了自主学习能力和探究性学习的方式,可以尝试选择适合的学习方式和学习空间。

(一)资料搜索法

除了校本课程中编写的有关植物的基本信息,学生还可以在学习前后利用课外时间通过网络搜索相关知识,丰富对该植物的认识,包括:课程植物的名称(别名)、生长形态、所属科目、常见生长地理位置、主要价值等方面。同时,搜集各种植物所被赋予的美好品质、精神象征,希望学生们在通过学习之后,能够将这些美好的精神品质牢记于心,将知识补充进自己的植物笔记之中,与同学分享交流。

（二）实验观察法

用最直接的方式感受校园植物的蓬勃生命力，培养学生对美好事物的向往。还可以针对部分品种的植物进行种植实验活动，研究不同的环境、温度、湿度等条件，对植物生长的影响，对其深入了解。

（三）交流分享法

学生完成植物笔记后，教师组织进行植物笔记的展示活动，同学之间进行交流分享，课后的延伸学习包含撰写赞美植物的小短文、绘制小报、制作书签、压制标本等。在学习自然知识的同时，提升写作总结能力与培养综合素质，使学生掌握正确的学习方法。

四、遵循原则，丰富评价，爱上"紫荆园"之美

校本课程评价遵循了科学性原则、可操作性原则、参与性原则和全面性原则，既关注学生学习结果，又关注学生在学习过程中方法策略的选择；既关注学生学习水平，又关注他们学习活动中表现出来的情感态度；既关注评价系统的全面性，又关注评价系统的原则性。

（一）遵循的评价原则

遵循科学性原则，课程运用科学的评价方式，提高评价的公平可信度；遵循可操作性原则，评价方式较容易操作，教师与学生容易理解；遵循参与性原则，对学生的评价应当注重校本课程的参与情况；遵循全面性原则，评价内容包含：课堂情况评价、学生学习情况评价、成果展示性评价。

（二）采用的评价方式

1. 点赞式评价，发现自我和学习伙伴在学习过程中的闪光点，给予及时肯定。围绕以下维度开展点赞活动，奖励标识物为充满生机的绿叶。

评价表

课 题						
自我评价	准确说出植物学名	🦋	🦋	🦋	🦋	🦋
	掌握植物分类	🦋	🦋	🦋	🦋	🦋
	认识植物外形	🦋	🦋	🦋	🦋	🦋
	了解植物生长习性	🦋	🦋	🦋	🦋	🦋
	笔记图文并茂	🦋	🦋	🦋	🦋	🦋
小组合作	组内分工明确	🦋	🦋	🦋	🦋	🦋
	小组讨论人人参与	🦋	🦋	🦋	🦋	🦋
	成果汇报表达流利	🦋	🦋	🦋	🦋	🦋
	小组作品图文并茂	🦋	🦋	🦋	🦋	🦋

2. 闯关式评价

在学习完每一章或整个课程之后，教师可以组织闯关小活动、植物知识小竞赛等形式的评级活动。设立一定的奖励机制，在帮助学生系统整理各个植物知识的同时，也能提高学生学习的兴趣。

3. 展示性评价

以小组为单位，小组间互相评选。向小组内小伙伴展示自己的植物笔记，与组内小伙伴进行分享交流，由小组决定推荐一个最优作品进行小组间评选，向各小组简单介绍制作过程。根据版面设计、图文并茂等方面，各小组评选出全班最优作品，用以激励学生学习的兴趣，增进学生学好本门课程的信心，提高克服困难的勇气。

五、发展个性，预设效果，弘扬"紫荆园"之美

课程是学生学习的重要载体；也是教师向学生传递知识、技能、方法，促进其良好习惯养成，进行科学思想启蒙的重要载体；更是校园文化建设的载体。

（一）有利于促进学生个性发展

教育并非是简单的单向传输，教育是一项培养人的社会活动，这一特点决定了学生才是教育的主体。因此，教育必须尊重学生。

1. 满足学生个性发展

开发校本课程能够更好地满足学生多样化个性发展的需求，改变学生被动式接受教育的现状，促进各种层次、各种特长的学生的主动发展。让学生能够自行选择自己感兴趣的课程，充分展现自身的个性价值。也就是说，在开发校本课程时，为了以"学生为主"，我们首先就应该基于学生的经历与体验，再把握好学生的特长以及其潜在发展能力，将预见以及未预见的因素都纳入开发过程之中。

2. 满足学生素质发展

本校本课程开发的目的也应着眼于促进学生的素质发展，不仅要引导学生学好生物学知识和技能，掌握观察、思考、分析问题和解决问题的能力，培养学生的科学探究与创新精神，而且要引导学生关注生活、关心环境生态和可持续发展，帮助学生建立起科学世界与生活世界之间的链接。

总之，我在校本课程开发过程中坚持"学生为主"的理念，以学生的多元化个性发展为最终追求的目标。

（二）有利于促进教师专业提升

在校本课程的开发过程中，作为教师的我，收获也颇多，很大程度上改变了我对教师职业的理解。

1. 转变角色

参与课程开发的过程，我从原来课程的被动实施者，跨越成为了课程设计者，真正成为了教育活动的主导者。

2. 转变教学方式

在转变教学角色的同时，必须转变教学方式、更新教学方法，面向课程改革。开展理论学习和实践研究，使我对课程价值的认识，由关注"知识"向关注"人"的发展而转变。

3. 提高职业道德水准

教师对学生的影响不仅仅表现在学识方面，而且更重要的是人格方面。学生的个性发展往往或多或少地带有他的教师的个性痕迹。如果想要学生们拥有多元的个性发展，作为教师的我首先应该如此，才可能培养学生。

4. 发展专业能力

教师应具有良好的文化素质和专业素质，要加强理论修养，要能够运用教育学和心理学方面的知识，了解学生的情感和需求，恰当地选择和调整教育教学策略，设计恰当的尽量真实的教学情景和丰富多样的实践活动，吸引学生主动参与实践活动。因此，在校本课程开发的初期，我走进校园，恰当选择校园中植物资源，分门别类，优化资源；在搜集梳理植物基本信息时，我翻阅了大量有关自然知识的书籍，也在自然老师的提点下，逐句逐段地删减提炼，凝练出最适合、最吸引学生的文本内容，希望课程得到最好的呈现。

在各方面的大力支持下，相信我在开发与使用"住在紫荆园内的植物"课程时，一定会突出自身的个性，起到良好的教学效果。

（执笔：王家俊）

⚑ 实践智慧 3-4　飞舞在彩线上的手指芭蕾

在素质教育大背景下,许多学校、老师都已经认识到了校本课程开发对于促进学生个性发展、促进教师专业成长、促进学校特色形成的重大意义。校本课程的开发不仅关注到每个学生的不同需求,给学生一个自由发展的空间,而且在课程的设置和内容上也呈现多样性和丰富性。

"玲珑钩钩"课程的形成可以说是我儿时的编织情节与课程开发理念相结合的产物。儿时的我长在农村,小时候耳濡目染村里的妈妈们围在一起钩编衣物,边钩边说,谈笑中针线在指尖飞扬,漂亮的衣服在掌间诞生。那有说有笑、其乐融融的场景深刻地留在了我的记忆中。稍大些,镇里开办了外贸加工厂,村里的女孩们都钩编起了手套。她们钩编动作娴熟,技艺炉火纯青。让我惊异的是,只听得一阵"噼噼啪啪"的响声却看不清那针与线是如何巧妙地完美组合,而一个唯美花型已经呈现在我眼前了……从那时起,钩编情节就深深扎根在我的心底。

前两年,学校鼓励老师参与学校课程建设,我便有了想法,开发一门钩编课程,首先是出于对手工编织的这种情结,更主要的是想把儿时的记忆拾起来,让现在的学生能够了解钩编技艺,弘扬民族文化。

一、以学生为本,确定方向,引钩编之艺术

开发这门课程的目的是,为了让学生了解钩编艺术,弘扬和传承民族文化,使钩针

艺术代代相传；也为了实施贯彻《国家中长期教育改革和发展规划纲要（2010—2020年）》，培养民族意识，发展艺术专长，让钩编工艺能够在紫荆校园内传承下去；更为了培养孩子的动手能力，俗话说："心灵则手巧。"在毛线钩编过程中，孩子们的综合素养得到了提升。

（一）培养动手能力

在进行钩编时，各个手指之间、左右手之间、手与手腕之间保持着相互配合，协调运动。经过长时间的练习，双手的协调性会越来越好，手指也会更加灵巧。

（二）促进创新思维力

钩编的基本针法并不多，但编出的花样可达几百种。这就需要学生动脑筋利用基本针法去创编不同的作品，大胆创新思维便可在此发挥作用。

（三）提高审美能力

钩编作品的美体现在针法上、线绳的粗细和颜色上、各部件之间良好的比例搭配上。学生通过长期实践、摸索，随着经验的积累，审美能力也在提升。

二、以生活为源，选择范围，扬民族之文化

钩编艺术历史悠久，它被称为"用彩线上演的纤指芭蕾"，在民间源远流长。父辈们可谓人人皆知钩编艺术，他们用勤劳的双手，钩编出花式新颖的毛衣毛裤、手套袜子、桌布毛毯、围巾头饰、披肩斗篷，应有尽有。随着工业化进程的加快，钩编工艺渐渐失去了它的地位，被人们渐渐遗忘，我们的生活也少了一份精致、少了一份优雅、少了许多情趣。

（一）了解文化，传承技术

走进钩编艺术，让孩子们了解在工业不发达的时代，人们用双手创造着生活、温暖

着生活、用智慧美化着生活。欣赏钩编艺术作品,了解钩编技法,学习钩编技术,设计自己的作品,是对传统的敬仰、对文化的认同、对生活的再认识。让学生了解传统的手工编织艺术逐渐冷落、凋敝的过程,同时感知工业化发展的速度和进程,能深刻理解社会发展的必然趋势。在此基础上选择学习钩编艺术体现了对传统文化的弘扬和传承。

(二)准确定位,增强趣味

手工钩编不受年龄限制,入门容易,老少皆宜。它的特点是只用一根钩针、一团线,随时随地都可以进行钩编,携带方便。既动手,又动脑,使学生手、脑协调发展。针对小学生的年龄特点和初学者的心理,钩编物件可选择小巧可爱些,作品耗时不宜太长,让孩子们小小尝试就能获得成就感。完成一个小胸花、一根彩色头绳、一段炫彩腰带、一个小挂件,装扮自己的世界。在完成小件作品后,让孩子们进行自由组合完成大件作品的合作设计和拼接,由简入繁,由浅入深,由局部到整体,能产生意想不到的效果。

将课程命名为"玲珑钩钩",也是取小巧玲珑之意,即小物件的钩编课程,从小作品到大成就,从小制作到大视野,从小巧手到大设计师,让梦想从此启航。

三、从趣味出发,物色题材,展作品之魅力

本课程设计为初级篇和高级篇,以钩编生活中常见的花草、水果以及生活中的小物件为主题。初级篇以认识简单的钩编符号、学会基本钩编技术为主要内容,学习钩编简单小作品,设计了8课时;高级篇是让学生在学会基本技巧的基础上,能看懂较复杂的钩编图纸,学习钩编较复杂的作品,并能与同伴一起合作进行简单的钩针编织创作,也设计了8课时。

(一)编织四季

初级篇8课时的具体内容是这样安排的:春之烂漫——繁花、春之烂漫——嫩草;夏之葱茏——青藤、夏之葱茏——绿叶;秋之果实——苹果、秋之果实——草莓;冬

之温暖——手套、冬之温暖——袜子。每一课都设计了四个模块：第一模块是"我的观察"，其中出示两组图片，一组是大自然中的花草树叶藤蔓果实，另一组是人们钩编的实物，让学生通过观察，说说大自然中花草藤蔓和已经钩成的钩编作品之间的联系，主要从形状、颜色上去观察。第二模块是"我的练习"，教给学生基本的钩编针法。第三模块是"我的作品"，让学生把自己钩好的作品贴上去。第四模块是"我的表现"，设置一个让学生自评的评价区。学生对自己钩的作品从颜色的搭配、针脚的细密度、作品的大小、样子的相像等维度进行不同等级的自我评价："我很棒"、"我有进步"、"我还须努力"。

（二）编织生活

高级篇 8 课时的具体内容是这样安排的：美味甜点、新鲜蔬果、萌宠昆虫、可爱项链、绚丽花卉、纯美发夹、花样杯垫、缤纷糖果。每课也设计了四大模块。第一模块"理解与欣赏"，在这里以图片展示钩编的各色糕点，让学生在观察图片的过程中说说这些作品的针法、用线的粗细、颜色的变化等。第二模块"材料与密码"，其中出示钩编作品图解。让学生可以在看了图解后巩固对作品的理解。第三模块"作品与构思"，是一个作业展示区，展示的是组内各成员作品的组合体。与基础篇不同的是，这个模块里多了"构思"两个字，要求也就提高了。这里需要学生将自己的作品放在一个情景中展出，不再是一个独立的作品。比如，展示一块蛋糕作品，可以在下面画个盘子，旁边画一副刀叉，甚至还可以添一杯饮料等，提高了艺术表现力。第四模块"评价与提高"，通过自评与互评相结合的方式对作品进行评价。

四、以课程为本，展示技艺，品钩编之乐趣

"玲珑钩钩"课程在实施的过程中设计了一些教学环节，例如，欣赏学习法、围坐探究法、分享交流法、作品展示法。方法多样可灵活运用，目的是引导学生在不断地探索中掌握钩编技巧，爱上"玲珑钩钩"。

（一）欣赏学习法

每节课中，教师先展示事先钩编好的作品，让学生欣赏一番，引起学生钩编的兴趣。接着出示钩编图纸，学习基本针法。然后，教师引导学生仔细观察图纸，找找除了当天新学的针法外，还有哪些之前学过的针法。学会用语言描述图纸所表达的针法。

（二）围坐探究法

上课的过程中，我们比较多的采用围坐学习的形式。大家围在一起，一边钩织一边聊着钩织过程中遇到的困难、发现的问题或者是找到的窍门。这种学习方式的好处是，当场发现问题当场解决，并且学生自主性较强，更容易被学生接受。

（三）分享交流法

每次课的开始，都有一个分享的环节。每个学生把上一个星期钩编的作品在组内展示一番。然后先说说自己上周的钩编感受，可以是遇到的问题，可以是解决问题的方法，也可以是对自己作品的评价。

（四）作品展示法

在课程结束阶段设计一个展台，让学生戴上自己的作品做一个"编织秀"，并且配上视频和旁白，对自己作品的钩编经历、色彩的搭配、针法的选用、立体感的设计等做一个介绍，说说作品的成功之处或者有待改进的地方，以便不断提升钩编技艺。

五、以诚信为本，评价作品，悟钩编之门道

在课程的实施中对于学生及其作品的评价显得尤为重要。我的评价方式以学生为主、教师为辅，体现多元化原则，尽量采用鼓励性语言，激发学生学习钩编的兴趣与热情，用发展性的眼光来看待一个作品。具体方法如下：

（一）点赞式评价

每堂课上完以后，学生根据自己钩编的作业进行一个点赞式自我评估和相互评估。通过将自己的作业和老师展示的作品进行比较，给自己和同伴打一个等第："我很棒"、"我有进步"、"我还须努力"等。

（二）展示性评价

举办一次巧手钩编作品展示交流会，设计几个版块。1.得意作品展评：参赛者都把平时钩编得最好的作品拿出来放在一起展出，让全校师生投票，评出一、二、三等奖。2.规定作品展演：给出相同的钩针、彩线、图纸，参赛者当场上台展示钩编技术，用时最短、钩编精致者得胜。3.创意作品展示：根据赛事要求，在没有图纸的情况下，钩编出描述的作品，邀请同学观摩。

（三）评选性评价

每年利用"六一"表彰之际，评选"钩编小达人"、"玲珑小巧手"、"最具创意作品"等荣誉称号。表彰一些钩编技术比较好的孩子，增添他们的信心。

钩编工艺作为民间的一种手工艺有它存在的价值。用钩针编织的作品洋溢着温暖，饱含着爱意。把钩编工艺编入校本课程，一方面让学生了解民间传统钩针编织工艺特点，感悟钩针编织文化魅力，感受钩织作为一种民间工艺对生活的影响；另一方面，激发对钩编艺术的兴趣，也培养了学生的动手能力和创新意识。彩线上的手指芭蕾在学生的指间飞扬，编织出紫荆少年的幸福童年。

（执笔：张艳萍）

⚐ 实践智慧 3-5　课程在智慧众筹中生长

校本课程作为一种与国家课程、地方课程相并列的课程形态,其开发主体、开发模式等不同于国家或地方课程,学校教师是开发校本课程的主体。这不仅为教师的专业发展找到一个合适的时机和途径,同时校本教材的开发也能更好地展现学校的特色文化。如今校本课程开发已经不是单打独斗的状态,抱团开发已经成为了新模式,"上海博物馆之旅"课程就是在教师们的智慧众筹下应运而生的。

一、意外冷场,启发思考,邂逅博物馆旅程

一堂语文公开课上,老师们带领学生正在学习贺知章的《回乡偶书》。老师问:"孩子们,你们的家乡在哪里? 你们热爱自己的家乡吗?"孩子都不约而同地回答:"我的家乡在上海,那是一座现代化的大城市"、"我的家乡在吉林长春"、……"你能给大家介绍一下你的家乡吗?"老师接着问。这时全班一阵寂静。在老师的预设中,这应该是本课的高潮部分,但是高潮没有涌起。这样的场面,让执教教师措手不及,也深深触动了我这个听课者。

细细翻阅《上海市中小学课程标准》和《上海市中小学课程指南》,其中指出,认识中华文化的博大丰厚,汲取民族文化智慧;关心当代文化生活,尊重多样文化;吸收人类优秀文化的营养,提高文化品位。这是小学阶段的培养目标之一。了解文化应该先从家乡文化开始。我们常认为,了解自己的家乡应该是一件理所当然的事情。但是,

这却难倒了学生们,究其原因,在国家课程中很少涉及这方面,这就需要学校特色课程做补充。所以,我们急需帮助孩子弥补这块"短板"。在我看来,了解一个城市的文化,最好的切入点莫过于博物馆了,它是一座城市乃至一个国家的历史文脉。于是,我们萌生了编写"上海博物馆之旅"课程的念头。

二、立足地域,链接文化,确立课程理念

"上海博物馆之旅"课程是根据我们对教育规律和儿童认知规律的理解,通过学生校内认识、了解博物馆的概况;通过校外研学的方式亲身感受博物馆所带来的文化魅力。让学生的学习在丰富的探索场景中自然发生,让孩子穿梭时空读历史、探秘细节懂科学、欣赏艺术爱创造等,享受有体系的高质量成长。通过博物馆这个视角,一方面,打破学科壁垒,增长学生多学科的知识积累,培养其生活中需要的经验与见识,对学生长远发展所需要的各种能力与素养,乃至对其情感、态度、价值观都具有深远的教育意义。另一方面,也加深了对上海历史和文化的了解。

三、基于需求,关注发展,确立课程目标

校本课程目标是构成课程内涵的第一要素,是课程设计的起点,它是校本课程内容选择的依据,是校本课程实施的重要依据,也是校本课程评价的依据。所以,制定好课程目标是校本课程开发的首要环节。本课程在制定课程目标时,我们充分考虑了学生的认知规律和兴趣爱好。通过查阅和对照学生核心素养,制定了博物馆课程的教学目标,即,通过阅读,学生能够了解本市的一些博物馆,并说出每一个博物馆的特色;通过阅读参观小贴士、观后感,走进博物馆,了解自己的家乡,了解经济社会的发展,加深对家乡的热爱之情;通过小组交流、论坛分享、作品展示等形式,能切身感受中华民族优秀文化,初步形成社会责任感、创新精神和实践能力。

四、智慧众筹，优选资源，构建课程内容

（一）精心梳理显执著

校本课程的开发是一件繁琐的事情，并且"上海博物馆之旅"有它的特殊性，为了提高课程的实用性，我们需要探访上海的每一座博物馆，了解它们的特征。这个工作量是巨大的，仅凭个人力量很难实现。所以，我们成立了项目组，在校内招募项目组成员。学校的青年教师勇于承担起了这个课程开发的重任。他们认识到帮助孩子们丰富知识、拓宽知识面、了解上海的文化是一名教师矢志不渝的责任。另外，他们也把做课程作为提升自己专业能力的一条途径。青年教师可谓干劲十足，在了解校本教材的主题后，开始罗列上海所有的博物馆。在确定课程框架时，青年教师通过查阅上海市课程标准，梳理学生核心素养草拟《博物馆课程框架》，邀请课程专家面对面指导把脉课程。

最终，根据其功能定位，我们把上海的博物馆分为四大类：社会历史类、自然科学类、文化艺术类和综合类。确定了博物馆课程的内容框架，分为七个版块，内容如下。

1. 展馆万花筒。概括性地介绍了每一个博物馆的展览内容和主要特征。

2. 场馆推荐。通过青年教师实地探访，在众多展馆中推选1—2个最具特色的场馆，并简要介绍展览的内容、参观时可以关注的重点，帮助学生深入了解博物馆展览主题和内容中所蕴含的文化特色。

3. 浏览风火轮。通过导览图的方式，展现出博物馆的最佳参观路线。帮助学生合理规划参观路线，提高参观的效率。

4. 参观小贴士。主要介绍了博物馆的地址和交通路线，帮助学生能够更为合理地安排出行计划。

5. 参观足迹点。我们通过征集的方式，让已经参观过的学生通过写游记的形式，写出参观时的所见所闻所想所感，激发其他学生的参观兴趣。

6. 成长收获站。通过打星的方式，帮助学生对自己参观前后的表现有一个客观

的评价，并能用文字描述出自己的收获与不足。

7. 我的留影。运用照片的形式，记录下参观的精彩瞬间、博物馆的特色展品等等。

（二）分工协作显同心

2015 年 4 月，青年教师团队设计调查问卷，走近学生、走近家长，了解他们的心声与需求，最后梳理出了上海最具特色的十八家博物馆。利用双休日进行了分头走访和探寻，力求通过实地考察，深入了解这些博物馆的特色。在分配探访任务时，团员青年们都踊跃报名。暑假，他们冒着酷暑，再次分组走遍了分布在上海各个区县的十八家博物馆，做笔记，拍照片，用双脚丈量学校与场馆的距离，用镜头记录寻访的印记，用心采集最真实、最具代表性的博物馆资料，用彩笔描绘参观路线，他们用行动为孩子们呈现了一场别具特色的文化盛宴。

五、实地探访，多维体验，浸润传统文化

基于课程实施的效度考虑，在大家的表决下，我们决定把课程实施分成校内和校外两部分，通过校内阅读寻访、校外研学和亲子体验相结合的方式来实施，扩大课程实施的效益。

（一）校内兴趣课程

排入学校课程计划，落实到拓展型课程栏目，每学期安排 15 课时兴趣课，面向全体四年级学生，以自愿报名形式参加。每周一节课，每节课 35 分钟，采用围坐教学法和个人展示法，具体实施方法如下。

1. **围坐教学法**

按照课程的版块，教师通过展示图片、视频等，帮助学生了解博物馆的地址、外形、展览内容等，帮助学生在最短的时间内了解博物馆。另外，通过小组合作的形式，明确分工，收集各方面关于该博物馆的信息，通过集体的智慧，来充实教材的内容。通过这

一系列的活动,培养学生合作学习的意识。

2. 个人展示法

这种教学方法一般用于校外研学之后,学生通过实地探访博物馆,对博物馆有深刻的理解和印象。然后,利用课堂,通过照片、视频、文字等形式向大家介绍自己在博物馆中的所见所闻所想。通过讲述,不仅自己对博物馆有了更为深刻的了解,而且,也帮助其他学生了解该博物馆的特点。

(二)校外研学课程

在校内兴趣课上对该博物馆有一定的了解后,利用双休开展假日小队活动,由青年教师分别带领孩子们深入场馆学习。

在这里主要运用合作探究法进行教学。在活动前,让学生进行分组,形成小组后,根据博物馆的特点,设计研学方案。方案包括出发的时间、地点;活动的内容与分工;预期的成效等,帮助学生有的放矢地进行活动。在研学活动后,通过合作汇报、撰写报告等形式互相交流研学中的经历,总结经验与不足。

(三)亲子体验课程

学生们可以根据课内所了解的博物馆的知识,利用寒暑假和父母开展一次实地探访。在了解知识和文化的同时,促进孩子与父母的交流并且拉近彼此间的关系,能够很好地建构亲子互动关系,在一起学习、一起成长的过程中,家长和孩子都能体验美好的归属感和互相依靠感。

总之,在课程实施中各种教学方法的灵活运用,能够让学生深入了解上海的博物馆。在习得知识的同时,提高解决问题的能力,提升核心素养。

六、研究评价,引导发展,培育创新思维

在课程设计时,青年教师充分考虑到了课程的特点,引入多元评价,激发学习兴趣。在课程学习过程中采用自评、互评、他评相结合,注重学习成果评价的同时,更倾

向学习过程性评价。具体方法如下：

（一）星级评价

分别从课程的三个版块：参观前准备、参观参与、参观后分享，以1星级—3星级为评价等第开展评级。

（二）评选性评价

根据课程学习成效，设立"博物馆小达人"称号。具体细则如下：

1. 能参与到小组合作探究中，并能主动介绍博物馆的特征。

2. 能够通过主题队会、板报布置等，展示自己研学的照片、小报、游记等，讲述自己参观博物馆时的所见所闻所想。

"上海博物馆之旅"课程的开发与实施，不仅提升了学生的核心素养，增强教师的课程策划能力和实施能力，同时提升了教师对上海这座城市的文化认同度，形成合作共研的教学研究氛围，促进了学校的内涵发展。这次可贵的历程，也使我们意识到校本课程的开发不是一个人的行为，而是一个团体凝聚力的体现，是智慧众筹的结果。常言道：众人拾柴火焰高。在今后，我们将继续集众人智慧，把课程改革推向深入。

（执笔：黄志杰）

第4个密码

智慧众筹：打造高素质的班主任队伍

　　班级是所有社会组织中最微小的单位，也是一个最复杂而庞大的组织，有着研究不完的课题。读懂每个孩子，了解每个家庭，需要智慧和勇气，需要信念和坚持。聚焦目标，智慧众筹，让每一次学习都能成为一种价值创造的过程，在思想与思想的交换中获得增值，在思维与思维的碰撞中产生裂变式生长，在创造的过程中实现"互助"，在"互助"中共同创造、一起成长。用心灵滋养心灵，以智慧启迪智慧，让行为影响行为，在共同经历中互为学长。

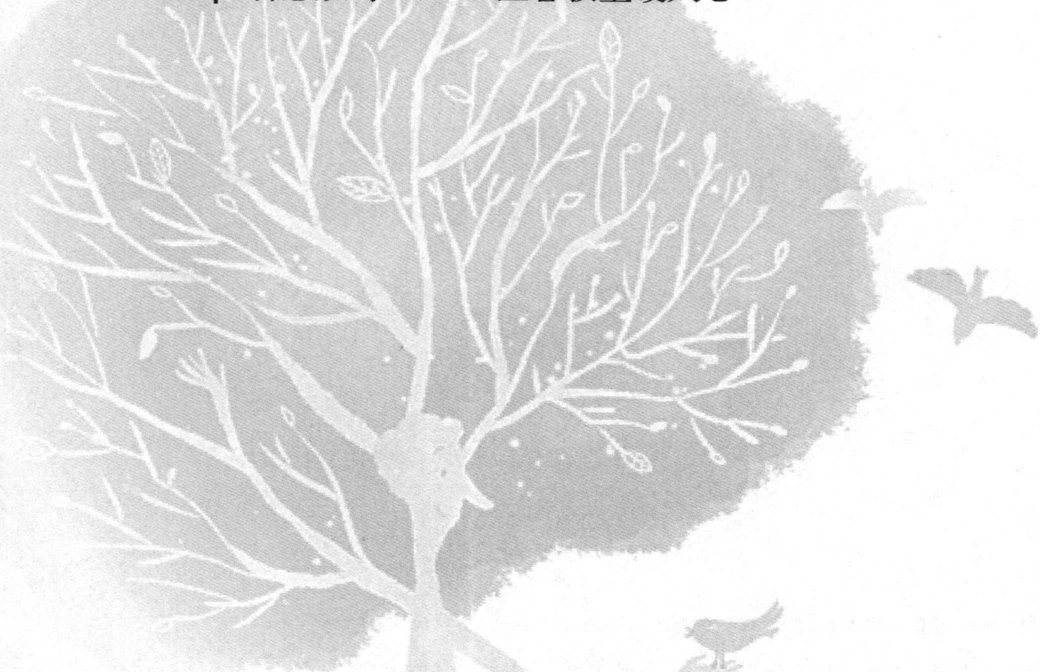

班级是学校的基本单位,也是学生在校学习、生活、活动的主要环境。班级管理是学校管理的基础,一所学校办得好坏,关键是看各个班级的管理,因此,抓好班级管理显得非常重要,它是落实教学常规,完成教育教学目标,促进学生身心健康发展的根本保证。自然,班主任作为班级工作的组织者、班集体建设的指导者、学生健康成长的引领者,是学校思想道德教育的骨干、沟通家长和社会的桥梁、实施素质教育的重要力量。班主任素质的高低决定着班级的好坏,决定着学校教育的成败。可见,加强班主任队伍建设对学校发展具有十分重要的作用。

　　为此,学校本着"每一个孩子都是一门课程"的教育理念,不断实践探索,努力创新班主任队伍管理模式,着力完善班主任队伍培训机制,采取切实有效的措施,激发班主任工作热情,智慧众筹,让每一个"金点子"都释放光芒,从而建设一支师德高尚、管理有方、乐于奉献的高素质班主任队伍,为学校可持续发展奠定坚实的基础。具体来说,主要从以下机制着手落实:

一、师徒结对制

　　班主任是学校最重要的一支队伍,学校方方面面的工作最终都落在他们肩上,这支队伍的人员理应有较高的专业素养,可是,绝大多数的师范院校教育,对学生没有传授必要的班级管理技能,或是教学理论与学校班级工作严重脱节,造成毕业的新教师到学校后要重新培训才能上岗。

　　鉴于上述情况,学校制定了师徒结对机制。对于刚从院校毕业的新入职的青年教师,学校并不安排其担任班主任的实际工作,而是采取传统的骨干教师"传、帮、带"的做法,为新教师指定一位经验丰富的班主任师傅,具体负责日常班主任工作的指导。每学年开学初,学校都会举行一场"青年教师师徒结对"仪式,认真解读结对协议,明确自身职责,签署结对协议,为新教师搭建成长的舞台。整个一学年,班主任师傅从班主任工作的基本职责、常规管理事项、班级簿表册的填写、学生表现的评价、班队活动的组织等作具体指导。同时要求新教师每周至少两次跟岗实习,每学期能独立上好一堂班会课,最后由师傅进行综合评定。

师徒结对制的实行,充分发挥了有经验的老班主任的"传帮带"作用,帮助青年教师快速成长,同时以老班主任的高尚师德、对事业的执着和奉献精神来感染青年教师,用青年教师的大胆开拓进取精神来激发老班主任,促使老少共进,有效开创学校德育工作的新局面。

二、分层教研制

教研活动,顾名思义,就是搞好教育教学研究工作,是提高教育教学质量的一种活动形式。长期坚持教研活动,有利于及时传递新的教育教学信息,推广教育教学经验,提高教师的整体素质。本着这一宗旨,学校以班主任教研组建设为载体,充分发挥教研组的集体智慧,进一步加强班主任队伍的建设管理。

综合班主任队伍的实际情况,学校采取了分层教研机制。具体来说,每学期优化组建五年内青年班主任教研组、低年级班主任教研组、中高年级班主任教研组,在班主任中推荐骨干教师担任教研组长,保证每月一次教研活动时间。各教研组在"以怎样抓好班队工作为研究主题"的统一思想前提下,针对不同年级班队工作中所面临的各种具体问题,制定不同的总体目标、不同的活动形式、不同的工作举措及重点工作,突出主题,丰富形式,确保实际效果。

通过分层教研,各教研组重点明确、有效落实,同时各教研组之间相互切磋、优势互补,如此循环,切实提高不同年龄、不同年级班主任的组织管理能力,促进校本教研管理水平和校本教研质量的提高,不断提升学校的教育管理质量。

三、自主悦读制

有书香的校园才是迷人的,有书读的人生才是阳光的。班主任要胜任今天的工作,往往存在着先天不足。作为学科知识,教师在学校已进行了系统的专业学习,而作为班主任方面的专业学习,却为之甚少。班主任走上工作岗位后,由于各种事务冗杂,往往无暇读书,又造成了后天的失调。因此,班主任要适应时代发展的需要,要更好地胜任本职工作,当务之急是加强学习,不断增加自己的知识底蕴,增强自己的学识修养,增添自己的的人格魅力。

建立班主任自主悦读机制是班主任队伍建设的要务之一。学校德育处是班主任读书的组织者和推动者,把帮助班主任爱上学习当作对他们真正的爱,唤醒和感召班主任的学习愿望,培育他们的学习力。首先,建立班主任小书架,推荐发放班主任参考用书或班主任专业读物,通过多种形式阅读班主任报刊、杂志。其次,开展读书交流活动,其中有效的做法为撰写读后感、举办读书经验交流会等。

班主任自主悦读制的建立,不仅激发班主任的学习原动力,而且引导班主任逐步形成"专业读书—专业实践—专业写作"的工作方式。教师的学习基于问题、基于经验、基于反思,这样的行动学习,解决了工作中的诸多问题,使学习成为工作的重要组成部分,在相互的专业支持与合作中更新自我、拓展未来、不断创造。

四、同伴互助制

同伴互助指在两个或两个以上教师间发生的、以专业发展为指向、通过多种手段开展的,旨在实现教师持续主动地自我提升、相互合作并共同进步的教育教学研究活动。

同伴互助的方式多样,可以是同年级组教师同伴互助、同年龄段教师同伴互助,也可以是师徒结对式同伴互助、教研组内同伴互助,甚至是跨年级、跨年龄段的同伴互助。同伴之间保持互相信任和依赖的关系,共同规划教育教学活动、互相提供反馈意见和分享经验。实践发现,来自同伴的评价更有助于教师改善自我的教育教学行为。

建立班主任同伴互助制,让教师主动参与同伴互助小组,在这一平台中逐渐成长,和互助组的老师建立了互助平等的关系,优势互补,大家在学习、创造的过程中实现了"互助",在付出的同时彼此支持、共同创造、共同成长。拥有"同伴互助者"的教师从单纯的知识经验学习过渡到智慧的分享与创造,实现了智慧众筹、智慧互助,更容易运用新的教育教学策略和方法,促进了专业的发展。

五、骨干引领制

骨干教师具有丰富的教育教学实际经验,在学校发展中具有示范、引领和辐射的先进作用,是促进教师专业发展的重要资源。

学校每年都会安排部分在班级管理方面肯钻研、有一定经验的中青年教师参加各级骨干班主任培训,用他们的知识和经验带动学校班主任工作整体水平的提高,同时学校努力为骨干班主任创造外出参观学习的机会,为他们提供展示的舞台和不断发展的机遇。学校每两年进行一次骨干教师的评聘,除学科骨干教师外,还专设了班主任骨干教师,从制度上予以保障。每学期,学校都大力宣传骨干班主任的经验,开设德育论坛,交流班级管理经验;上好班队活动示范课、展示课,充分发挥班主任骨干教师的示范、引领作用;组织和指导青年班主任教师开展科学研究,不断更新教育理念;在日常教育教学和教研活动中,引导班主任教师收集、归纳、总结教育教学经验,积累教研教改成果,形成资料,在收集和积累中不断完善,在总结和反思中不断提高。

建立骨干引领制,通过骨干班主任教师的示范引领和辐射,有效地推进教师专业化发展,促使一批观念新、业务精、能力强的班主任队伍茁壮成长起来。

六、温馨教室创建制

温馨教室是一种民主、温馨、和谐、具有高品位特点的育人环境。营造温馨教室的实质是增强班级的凝聚力,体现师生和谐、生生和谐,因此不仅要有温馨、舒适的硬环境(班级布置)建设,更要有温馨、和谐的软环境(师生关系,班级文化等)建设。

学校创建温馨教室的目的就是营造一个载体,为学生心理和人格的健康成长、教师生涯的发展创造和谐氛围,让教室、校园成为师生共同成长的精神家园。具体而言,首先明确温馨教室创建要求:环境上营造温馨氛围,角色上形成温馨共识,活动中学会温馨合作,创建中凸现温馨特色。其次,以快乐队建为载体,在快乐队建过程中,突出生生共建共享的特点,注重体验感悟的过程:环境建设,突显快乐队建特色;自主管理,发挥快乐队建作用;实践活动,展现快乐队建风采。最后,创新丰富形式,多层次、多方位、多角度地进行评比,以激励促进步,奖励促发展。

温馨教室的创建营造,不仅突出了教室的人文性、怡情性,还能使有限的空间变成学生健康成长的乐园,起到春风拂面、润物无声的感染和熏陶作用,潜移默化地影响学生的言行举止,达到良好的育人效果。

智慧众筹,集众多班主任老师的经验与智慧,让每一个"金点子"熠熠发光,优势互补,有效提升班级管理的效果,促进教师进一步的专业发展,可鉴可学。

(执笔:张明新)

⚐ 智慧众筹 4 - 1　成长中的领路人

时光如水，日月如梭。转眼之间，踏上教师的工作岗位已近三年，担任班主任工作也近两年。初上讲台时的青涩稚嫩依旧历历在目，如今的我已经可以在学生们面前淡定自若、挥洒自如了。这三年的蜕变，难数难知。回首这些经历，令我最感慨的是"师徒结对制"给予了我很大的帮助，正如身处迷雾里遇见的光芒，指引着我一路前行，让我有了巨大的蜕变。

上岗之初，学校为我安排了两位班主任师傅——沈老师和陆老师，她们一位是骨干教师，一位是有几十年班主任经验的老教师。作为一名年轻教师，常常感觉工作是繁忙的、任务是繁重的，但在各位前辈、师傅的指导下，我不仅认真完成了班主任的各项任务，而且改进了工作方法，提高了工作效率，积累了工作经验。她们的班级管理办法、教育教学态度都让我受益匪浅。下面，我就对自己的班主任工作进行一些梳理，谈谈自己的感受与收获。

一、及时处理，耐心沟通

安全教育是学校教育的头等大事，然而意外事故往往防不胜防，见习期时的一次突发事件让我记忆深刻。

记得那天放学铃声刚响，我在讲台旁给学生批作业，周围有不少等待批作业的学生。突然传来"啊！"的一声，让我意识到事情的不妙，赶紧放下笔前去了解情况。根据两个当事人以及周围学生的描述，我基本理清了事情的原委，但由于这天是下雨天，家长们已经陆续进到班级接孩子，第一次遇到打闹问题的我很担心自己处理不好这次突发事件。恰巧此时我的师傅沈老师进来放班，她主动询问了事情，查看了小A的伤势，对着窗外小A的家长说道："小A家长，麻烦进来一下，孩子刚才和后面的同学因为一本发错的本子起了冲突，对方孩子的铅笔扎到了小A的手臂上，还好没有出血，但还是建议马上带他去医务室消毒，再晚点我们的卫生老师可能就下班了，处理好后再回教室。"在小A家长带孩子去医务室的过程中，沈老师将小B的家长也叫了进来，告知了经过，教育小B说："你发现自己的本子到了别人的桌上，应该告诉他，而不是动手抢。铅笔是我们学习的工具，现在你把它当成了武器，同学是你的伙伴，不是你的敌人，你说对吗？现在你将小伙伴的手臂扎了个印子，如果老师没有及时发现，是不是有可能后果会更严重？"小B听后惭愧地低下了头。"今后你遇到这种问题，你会怎么做呢？""我会去跟他说清楚，本子发错了，让他把本子还给我。"沈老师在第一时间与家长取得联系、说明情况，并提醒家长带着孩子消毒，事后引导小B主动向小A道歉，并在第二天班会课上再次讲述并强调了此类伤害事故带来的危害，处理结果获得了双方家长的一致认可。

沈老师的处理办法让我明白了今后面对这类事件时应如何着手，如何处理，如何让家长满意。关键在于，平时要做好学生的安全教育工作，防患于未然。低年级小学生调皮多动，如果遇到了学生间的"意外伤害事故"，及时处理好受伤学生的伤势，安抚家长与孩子的情绪，耐心细心做好家长工作，就能避免那些不愉快的结果，班主任工作就能有序、和谐地开展。

在和师傅的进一步交流中，她说的一些实例，为我即将面临的实际工作提供了许多方法和策略。在如何与家长相处的问题上，一些金点子更是让我豁然开朗。

二、抓好队伍，明确责任

班干部是班主任的左右手，是班级管理工作的主力军，一个优秀的班主任要充分利用人力资源来管理班级。苏霍姆林斯基曾经说过："只有能够激发学生自己去自我教育的教育,才是真正的教育。"班主任不可能时时刻刻呆在学生旁边,作为同学的班干部甚至比老师更清楚、更了解学生的一言一行。让班干部管理班级,既锻炼了他们的班级管理能力,又增强了他们的集体荣誉感,在很大程度上调动了学生的积极性。

沈老师带的班级一直都是年级里纪律最好的班级之一。于是在我当上班主任后,我也有意识地想培养一些班干部,让他们像小老师一样,在班级里具有发言权,能协助班主任管理好班级。我就开始借鉴沈老师的班级管理办法,抓好班干部队伍建设,包括班干部思想教育、班干部工作职责分工、班级自主管理的方法指导等,让这些"小老师们"明确职责、乐于服务、以身作则,成为老师的小帮手、温馨班集体建设的示范者。

在对班干部进行工作职责指导时,要使每个班干部明确自己的责任,知道履行什么样的职责,该怎么去做,遇到问题怎么解决等。我们班一共推选了十名"小老师",每天固定安排两位值日。预备铃的两分钟时间,以及中午午休自习时,领读员带头领读,"小老师"协助管理好纪律,"小老师"有事不能参与管理的,需将工作委托给另外一位"小老师"顶岗补位。此外,我为剩下的孩子也编排了一张流动"小老师"值日表,让他们跟着固定的"小老师"一起管理班级,让每个孩子都有参与班级管理的机会。进而从这些孩子中,挑选出一些有管理能力的孩子,给予锻炼,让他们担任部分工作任务,如扫地组长、收作业组长。小老师们如果能够完成任务的话,适当给予鼓励。

课间发现奔跑打闹现象,"小老师"有责任前去提醒,若提醒无效,可以记在黑板上,事后统一扣星。如果多次提醒无效或者情节严重,可以直接向老师汇报,我会及时处理,将处于萌芽状态的不好的苗头"扼杀"在摇篮里。另外,我会利用午休时间或者是快乐课堂时间,去查阅小老师们每天记录的行规情况,查明扣星原因,然后针对这个现象,及时给予再教育。

每逢需要大扫除的时候,我采取师傅传授的抓"大"放"小"的策略。把工作委托给五个行规组长,行规小组按学号分配,方便行规组长记住组员。每个小组负责指定的责任区,如第一组是地面,第二组是墙面,第三组是桌面。每个组员的具体工作就由行规组长来具体安排。

三、甘为人梯、任劳任怨

在学生们面前我是老师,但在老教师们面前,我所需要做的就是多学、多问、多做、多思考,他们的经验更直接、更有效,在借鉴别人成功经验的基础上,尽快找到适合自己的教育方法和教学手段。当然不只是学习他们业务上的知识与能力,更要学习他们甘为人梯、任劳任怨的精神。

陆老师的敬业精神一直是有目共睹的。即使她马上就要退休了,但仍旧坚持在教学第一线,七点半左右就到教室参与管理学生,为我分担了诸多的班主任工作。她时常提醒我:"想要有好的学生,必须要先有好的先生。"而她也确实真正做到了循循善诱,引导学生自己发现问题、自己解决问题。陆老师向我展示了言传身教的作用,不仅为我树立了典范,也必将影响学生的一生。

踏上三尺讲台,也就意味着踏上了艰巨而漫长的"育人之旅",作为一名教师,我们都应有默默无闻的奉献精神。然而,现实并不是我们想象当中的那么完美。有时,当我们挑灯苦熬、精心备课、辛辛苦苦传授学生知识时,却发现有的孩子热情不高、眼神不够渴望;当我们认真投入,对他们晓之以理、动之以情时,却发现有的孩子依然我行我素、无动于衷。

我班就有这样一个孩子,上课跑出教室,下课打架惹事。每次与父母沟通后,孩子的情况就会好转一点。于是,我抓住时机,当孩子有了些许进步后,及时给予奖励表扬,渐渐地,孩子会很开心地表达自己的想法,并不断努力进步。与这样的孩子相处,我渐渐感受到他独特的个性,也深深地体会到:这样的孩子,其实很渴望被别人关注到,他其实很想与你接近,他只是以独特的方式渴望着你的关注,企盼着你的关爱,在意你的关怀。如若身为教师的我忽略了这一点,纵然我有再高深的学识和耀眼的才华,我在他心中也会被打一个大大的"×"。而化解这一个"×"的奥秘便是一个字——爱。对待学生,除了真诚的爱还能用什么更好的方式来打动他们,获得他们的信任呢?我决心,在我的教师生涯中,将本着对学生、对职业的爱,坚定地走下去。

师徒带教的方式,是学校为我们新教师搭建的一个快速成长的舞台,我将虚心好学、主动求教,做到在实践中思考、在思考中感悟、在感悟中发展。在师傅和同事们的帮助下,现在的班级工作基本形成了制度模式,已经趋向稳定,正稳步发展,一定会成为一个让学生自豪、让家长放心的班级。

师徒结对,传承匠心,让我们一起携手共进!

(执笔:顾歆晨)

⚑ 智慧众筹 4-2　分层教研促发展

　　教研活动,就是搞好教育教学研究工作,提高教育教学质量的一种活动。长期坚持教研活动,有利于及时地传递新的教育教学信息,推广教育教学经验,提高教师的整体素质。班主任教研则是以学校德育内容和目标为主要依据,以研究和解决班主任工作中所遇到的各种实际问题和提升班级管理质量为主要内容,通过学习、研究和实践,探讨班主任工作的新理论,总结班主任工作的新经验的培训模式。这种模式提高了班主任的研究能力和理论水平,加快了青年班主任的成长,促进了班主任的专业化进程。

　　目前班主任队伍庞大,班主任的资质和所任教的年级各不相同,为了使教研活动能更切合不同年级和不同资质的班主任特点,更具有针对性地促进班主任的管理能力、研究能力和理论水平的提高,学校采取了班主任分层教研制。学校综合班主任队伍的实际情况,针对不同年龄段、不同年级段,每学期优化组建五年内青年班主任教研组、低年级班主任教研组和中高年级班主任教研组,在班主任中推荐骨干教师担任教研组长,保证每月一次教研活动时间。通过分层教研,解决不同教师的不同问题,让所有的教师都能得到更加适合自身的发展。

一、青年班主任教研组

　　青年班主任是学校班主任队伍中的生力军,如何让青年班主任迅速成长起来,最好的办法是让青年班主任身边的人帮助青年班主任成长,用青年班主任身边的事和相似的事来教育青年班主任,用解决青年班主任工作中的实际问题来促进青年班主任的进步。在这些方面,青年班主任教研组就发挥了举足轻重的作用。通过开展班主任教研活动,使年轻班主任领悟教育思想,更新教育观念,树立科学的教育发展观、现代教育观,解决在班队工作中遇到的实际问题或困惑,引导教师关注学生中的弱势群体和行规特殊群体,针对学校班队工作中存在的问题,积极探究,勇于创新,引领全校班主任队伍健康发展,提升班主任的班队管理能力,促进班主任教师向专业化方向发展。

立足本校教师资源,青年班主任教研组以"师徒帮教、问题反思、同伴互助"为核心要素,以"理论学习、班队活动观摩、主题教研、课堂实践、反思交流"等活动为基本形式展开。

理论学习。结合"我的成长我做主"青年教师培养计划,围绕班队工作,学习优秀班主任的先进经验;学习相关教育理论,为班队工作管理提供理论指导。

班主任微论坛。结合平时工作中遇到的问题或困惑,通过 QQ 群、论坛等形式,对比较集中的问题开展班主任之间的对话、研讨,充分发挥教研组集体智慧,寻找解决问题的最佳途径,在实际工作中不断提高班级管理能力。

班队活动观摩与实践。围绕幸福课程,结合"青年才俊日"、"骨干教师展示课"、"班主任节"等活动,组织教研组青年教师开展一次主题队会的现场观摩活动,承担一堂德育渗透教研课。

主题教研。通过讲述班队工作中的故事,针对青年班主任在班级管理工作中遇到的问题或困惑进行研讨,开展青年班主任之间的对话,鼓励教师大胆评点、各抒己见,同时注重师徒带教,从富有经验的班主任身上学习班级管理金点子,促进青年教师共同提高。

反思交流。通过总结一个学期的班级工作情况,围绕"幸福课程之学生积极特质评估"和"如何与家长沟通",通过说案例、谈看法、提建议等多种形式展开反思交流,集思广益,达到同伴互助、共同提高的目的。

二、低年级班主任教研组

班主任是学校工作构架的一根支柱,是班集体的组织者、教育者和指导者,班主任在学生全面健康的成长中,起着导师的作用并负有协调本班各科的教育工作和沟通学校与家庭、社会教育之间联系的作用,其责任尤其重大。有别于中高年级,低年级学生年龄小,自我约束能力差,模仿性强,所获得的知识又有限。作为低年级班主任,必须集爱心、耐心、责任心于一身,因此通过开展低年级班主任教研活动,使低年级班主任不断提升符合低年级学生特点的教育观念,对班级管理工作中遇到的实际问题或困惑进行不断学习、交流和梳理总结,针对低年级班队工作中的活动内容勇于创新,使低年级班主任队伍健康发展,促进全校班主任教师向专业化方向发展。

立足本校教师资源,低年级班主任教研组的建立以"问题反思、经验总结"为核心要素,以"理论学习、班队活动观摩与实践、主题教研、反思交流"等活动为基本形式展开。

理论学习。围绕班队工作,学习优秀班主任的先进经验;学习"微笑教育"、"幸福课程"相关理论,为"微笑德育"行动提供理论指导。

班队活动观摩与实践。围绕幸福课程,结合"成长体验"班队活动月、"骨干教师展示课"、"班主任节"等活动,积极参加少先队活动课的评比,并观摩其他教师尤其是骨干教师的课,能提出合理化建议,取长补短,共同进步。

主题教研。针对幸福课程学生积极特质评估项目展开研究探讨,通过 QQ 群、论坛等形式,开展班主任之间的对话,提出自己的观点,促进教师之间共同提高。

反思交流。围绕"微笑德育"行动研究,通过说案例、谈看法、提建议等多种形式展开反思交流,集思广益,提高班主任工作能力和研究能力。

三、中高年级班主任教研组

中高年级班主任教研组以学校"微笑德育在行动"为抓手,旨在培养拥有乐观健康心态的微笑学生,引导学生"亲近自然、笑对生活、拥有微笑",促进学生健康快乐成长。针对班队工作中所面临的各种具体问题,以"怎样抓好班队工作"为研究主题,紧紧围绕课程改革,全面推进区幸福课程实施。通过班队教研,提高班主任的组织管理能力,促进校本教研管理水平和校本教研质量的提高,不断提升学校的教育管理质量。

观摩评析。组织班主任观摩名优班主任的班队会及各种教育活动,然后展开评议,对观摩的活动予以剖析,把对事情的感性认识上升到理性认识,使班主任学到名优班主任的活动策划思路和创意,以及激发学生主体参与的技巧、驾驭活动中可变因素的机智。

案例分析。以班主任教育工作遇到的问题为中心,筛选出实际工作中有典型性、代表性的问题或个案进行班主任教研。组织班主任结合自己的工作体会,运用现代教育理论开展研究,共同分析原因,交流措施,群策群力寻求对策,继续提高班主任发现问题、分析问题、解决问题的能力。

反思研讨。组织班主任在班主任教研中进行教育反思,做到发现问题、寻找原因、解决问题、提升能力,把教育理论落实到教育实际问题上,又将教育中的实际问题提高到理论层面来认识。如此,能够准确地发现教育中存在的真正问题,找到工作的突破口,促进教育理论与教育实践的结合。

课题研究。班主任积极参与教育科研,针对教育中出现的新问题、新情况,主动钻研,大胆创新,探索教育规律和教育方法。在创造性地解决问题的研究过程中,不断提升班主任的教育理论水平和实践能力。

鼓励同伴互助提高。同事间善于利用课余时间,就某个实际问题或教育现象,进行探讨,发表评论,并努力获取有价值的教育教学经验。个别青年班主任工作中碰到的难题,提倡同伴积极协助,共同解决。

班主任分层教研。针对不同年级班队工作中所面临的各种具体问题,制定了不同的总体目标、活动形式、工作举措及重点工作,突出主题,丰富形式,以确保教研活动的实际效果。当然,在分层教研中各教研组重点明确且有效落实的同时,也注重各教研组之间相互切磋。低年级班主任教研组和中高年级教研组对青年班主任教研组的指导,低年级班主任教研组和中高年级班主任教研组之间的交流,都是为了全校班主任队伍建设的不断提升,促进校本教研管理水平和校本教研质量的提高,不断提升学校的教育管理质量。

(执笔:甘泽影)

⚑ 智慧众筹 4-3　自主阅读扬风采

　　班主任是中国教育体制中的一个重要角色,在学校教育中具有重要的使命与功能。随着对班主任工作的进一步重视,对班主任专业素质的关注与提升要求也明显增强。班主任专业素养的提升除集中培训、实践历练外,自我发展的意识与行动更为重要,其中专业性的阅读对于教师专业发展具有不可忽视的持续积累的促进作用。

　　朱永新在《我的教育理想》一书中说:"勤于学习,充实自我,这是成为一名优秀教师的基础。一个理想的教师,一个要成为大家的教师,一个想成为教育家的教师,他必须从最基础做起,扎扎实实多读一些书。"苏霍姆林斯基在担任中学校长时就规定,教师必须读一些教育名著。他说:"读书、读书、再读书——这是教师的教育素养这个品质所要求的。"但是读什么和怎么读,是阅读之中的两个很重要的问题。那么班主任应该怎样通过专业化阅读来提升自己呢? 我校德育处在提升班主任专业性阅读能力的过程中,采取了以下措施:

一、营造阅读氛围,养成良好习惯

　　有调查发现,在阅读数量上,小学班主任在书籍阅读、杂志阅读、报纸阅读、网络阅读四种形式上分别达到了每年约 6 本书、每月约 3 本杂志、每周约 4 份报纸、每周上网约 6 小时,显示了一定的阅读量。班主任阅读现状既与其自身对阅读的追求及专业发展的自觉性有关,同时也与所处环境有着密切的联系。因此,为促进班主任养成良好的阅读习惯,提供良好的阅读条件和营造浓郁的阅读氛围十分重要。

(一) 设置班主任小书架

教育教学专著繁多,如今社会知识爆炸,任何一家书店都有上万本书籍。那么如何让教师尽快阅读到对工作和个人成长有益的书籍?我校德育处为营造浓郁的阅读氛围,在校园各处放置了不少班主任小书架,精心选择适合他们阅读的书籍,每学期购置新书,为教师圈定阅读学习范围,让教师有针对性地阅读,提高阅读效率。同时,学校征订了全国性的教育教学报刊、杂志,为教师提供前沿的教育教学信息,让教师保持正确的阅读学习方向。这些书目都是班主任的参考用书或班主任的推荐书目,让班主任在休息时随时取用,遇到问题随时查阅,获取精神的力量。

(二) 开展系列评比活动

以开展系列评比活动为抓手,推动师生共同读书。学校每学期开展"慧雅书童"系列活动,其中包括教师读书引导、教师阅读推荐、教师阅读指导、师生阅读交流、学生阅读能力评价等,评比结果全校公示,师生十分重视,有力地推动了教师的阅读学习。

良好阅读氛围的创设,不仅是促使班主任提升阅读能力的重要手段,也是创设学生阅读文化生态的重要载体。

二、创建读书论坛,享受阅读乐趣

班主任工作千头万绪,要静下心来读书是很难的,因此德育处创建读书论坛,以营造教师"赶、学、比"的阅读氛围。在我校的读书论坛中,主要围绕以下两个互动展开:

(一) 制定个人阅读计划

在论坛上班主任根据自己的知识结构,从兴趣激发、数量保障、品质提升等方面制定一个完整的个人阅读计划,用三到五年的时间去读一些经典图书,补一些教育学、心理学知识。这个计划可以具体到周计划、月计划、年计划等。通过定期的读书论坛交流,检查自己的执行情况,每半年总结调整一次。

(二) 交流自身阅读心得

每月利用一次班主任例会时间,开展班主任读书论坛活动,组织2到3名教师介绍自己的读书心得,向全体班主任推荐自认为有价值的书籍,其他教师可以质疑、补充,在交流中锻炼教师的读书批注、提炼概括及交流能力。在交流活动中,教师将回味经典著作,积极思考,从而收获更多的智慧;在交流中,教师的进取心理将提高教师阅读的广度和深度。通过论坛交流活动,教师自然而然地开始比读书、比推荐稿、比表达,自然也推动了教师挤时间多读书。"赶、学、比"读书氛围得以形成,教师日常就逐步形成自觉读书的习惯。

在班主任读书论坛的带动下,教师们不仅享受了阅读带来的兴趣,而且提升了教师自身的教研能力。读书论坛促使每一位班主任都有自己的阅读,都有比较专业的阅读,使班主任的阅读能够建立在一个新的平台上。

三、开展阅读写作,促进专业成长

阅读是一种学习,是汲取;写作是一种思考,是表达。学习与思考结合,阅读才能够更有成效。阅读是站在前人肩膀上前行,写作是站在自己的肩膀上攀升。真正的思考是从写作开始的,而写作对于巩固阅读的成果非常有益。我校通过以下三个实施途径,促进班主任专业化发展。

(一) 实施"5 000字和5个1"管理

即每学期阅读笔记不少于5 000字,内容包括摘录、感悟、随想等。期末组织自学笔记展示评比活动,教师相互观摩、借鉴;每学期撰写一份班级管理反思,学校组织班主任交流,介绍自己好的工作方法和学习心得,促进教师间的交流,促进教师反思、学习和提高;每学期至少撰写一篇读书心得,通过读书交流活动或周末会与全体班主任分享读书的快乐;每学期撰写一篇教育教学论文,要求理论联系实际,以写促读,提高教师的教育理论功底；每学期每位教师向全体教师推荐一本教育专著，推荐稿要体现自己的阅读理解，说出自己的独到见解；每学期教师要撰写一篇教育教学案例，案例应突出教师的学习运用、教育智慧和工作反思。通过以上活动将教师的读书学习固定下来，形成制度，变为学校的常态化工作。

（二）改革班主任校本培训模式

实施案例培训，变以往指导性的班主任培训模式为案例分析模式。出示的案例可以是自己的工作经历，也可以是自己在阅读中发现的启智案例，重点是要对工作有指导意义。剖析案例中的教育智慧和教育得失，要说出自己的理论支撑。教师们畅所欲言，群策群力，共同研究教育教学工作，让教师在活动中体会到阅读学习对工作的促进作用。教师对这种培训模式十分喜欢，为了筹备案例分析，经常是一份发言多处引经据典，学习与思考变成了自觉行为。

（三）实施教师学习评价

教师每学期的学习都记入教师评价，每次学习活动都有评价，将评价累计计入教师年终考核，并对教师学习进行奖励。需要指出的是，学习不仅是阅读学习，也包括日常观察、同事观摩、交流学习等等。教师学习的评价也突出了教师的学以致用和教师的工作实践学习。

有书香的校园才是迷人的，有书读的人生才是阳光的。教师的自主阅读不仅激发学习原动力，更是引导教师逐步形成"专业读书—专业实践—专业写作"的工作方式。让自主阅读成为班主任工作的重要组成部分，在相互的专业支持与合作中更新自我、不断创造，发扬属于自己的风采。

（执笔：李为陈）

⚑ 智慧众筹 4 - 4　同伴互助共成长

　　学校是学习知识的场所，也是教师工作的场所。在学校中，每个教师都承担着自己的任务，班主任更是学校的"顶梁柱"。班主任们负责班级的大小事务，在学生和家长间游走，教育学生、管理班级、沟通家长、完成活动，这些事情一个不落。为了更好地完成自己的工作、更好地管理班级、提高自己的管理水平，我们在平时工作之余也总是向别人取经，学习同伴们的管理经验，让学校和家长、学生联系得更紧密，让自身管理水平更上一个台阶。平时，我们同伴互助的方式大概分成这五种：

一、结对互助

　　在进入学校初期，每位新教师都在学校的安排下和两名老教师结对，一位是班主任师傅、一位是学科师傅。在师傅的指导下，认真制定主题班会计划和各项班级活动计划，并切实组织实施，努力接受新经验，力创班级管理特色。结对结束前，必须开设一堂主题班会汇报课，接受全体班主任的考核鉴定。在师傅的指导下，及时填写班主任工作手册并请师傅审阅，做好班级学生管理工作。及时了解班级学生情况，在师傅的指导下，针对班级实际制定班级工作计划。

　　每当遇到问题和不解时，新教师可以咨询自己的师傅，找到解决问题的方法。比如：新教师在刚做班主任时，还不了解如何与家长沟通，有时会产生误解。这时，可以问问自己的班主任师傅，如何用语言化解矛盾。

班主任工作是一个不断学习不断进步的过程，不仅要向师傅学习，而且要向所有有经验的班主任学习，要多留个心眼。我认为，经常向师傅请教，同时也向办公室其他优秀老师请教，这样自己才能更快进步。

二、组内互助

年级组也是互助并获得工作经验的场所。当我们遇到问题时，也可以求助组内教师或是任课教师。

要想让沟通技能与方法得到不断的提高与完善，讨论、交流是有效的方法。我和其他组内教师以及其他同学科教师经常在一起进行研讨，有时候还进行一些简单的模拟，遇到这样或那样的问题怎样解决，或是用什么样的方法可以解决问题，随时随地交流方法心得，得出了很多好的想法，然后试着把他们的想法运用到班级管理中去，从而获得反馈。

在班级管理中，班主任要充分信任任课教师，支持任课教师积极参与班级管理工作，切忌打消他们的积极性。有些班主任工作态度非常认真，每节课下课都找老师了解情况，一旦出现纪律问题就亲自处理，以为这是在协助任课教师，其实这种做法不妥，哪节课出了问题应该由哪位任课教师解决，要落实课堂责任制。如果任课教师需要班主任参与解决，那么班主任再参与，要是班主任什么事都大包大揽，就剥夺了任课教师的教育权利，还会使任课教师养成习惯，学生出了问题，就往班主任那里一送，把班主任当成了自己的"外援"，而不参与教育过程，这样既不利于任课教师树立威信，也不能从根本上解决问题。和任课老师互相协作，努力解决班级事务，也是互助的一个方面。

三、青年互助

青年教师是学校的生力军，为了让青年班主任成长得更快，学校成立了青年班主任教研组。我们的教研形式有以下两种：

（一）青年沙龙促进步

沙龙形式自由，气氛宽松，而且每次都以游戏贯穿其中，可以吸引新班主任积极参加，大家可以畅所欲言，分享成功与失败。活动前确定主题，围绕一个问题或一类事件，抛出问题，共同探讨。

（二）网络教研促成长

建立班主任 qq 群，通过网上交流，突破时空限制。大家平时工作较忙，人员又多，不能时刻见面，利用课余时间在群里随时抛出自己的观点、困惑，共同探讨，思索最好的解决办法，相互交流一起思考。

每位青年班主任都拥有自己管理班级的好办法，所以通过青年班主任教研组的建立，让大家消息共通，知识共学，经验共通，加速班主任队伍的成长。

四、校内互助

校内领导和德育主任在工作中也给班主任们提供很好的案例和很多建议，引领班主任工作的开展。

每周例会制。班主任例会是德育处组织搭建的学习、交流、研讨、分享平台。每次学习活动前，都由一位青年班主任介绍在班级管理事务中发生的事件和处理过程中产生的困惑，由其他班主任答疑。大家一起进行总结提炼，把个例转换为自己能操作的方法，从而获得班级管理的经验。这种形式既为青年教师解决了困惑，也为全体班主任在工作流程上做了指导。班队建设的根本目的是营造良好的育人氛围，班主任在班级的建设过程中一定要常常反思，自己的言行是否对孩子三观的形成产生正面的影响，一切管理制度的产生都是为了育人服务，若管理与教育产生矛盾，需要讨论的应该是管理本身。在讨论的氛围中，教师们各抒己见畅所欲言，不同的观点和视角为大家打开了更广阔的班级建设的思路，同伴的班级建设经验交流让我们对每次学习充满了期待。在这样的学习氛围中，大家的收获都是满满的。

五、校际互助

随着嘉定教育学区化、集团化工作的推进，我们与区域内的兄弟学校之间也建立了多维度、多层面的合作交流，在教师队伍建设和班队管理方面尤为突出。

（一）新上岗班主任培训

在任职之初，我有幸参加了嘉定区新上岗班主任培训系列活动。每周，我们新上岗班主任们在一起学习、研究和探讨班主任沟通工作，模拟各类事件发生情况，并协力解决。

（二）各级教研活动大力开展

通过一次次的开放活动，学校间打破隔阂，在和谐互动中相互交流，经验共享；我们在实践中学习借鉴、反思提高，集众人之长补一己之短。既拓宽了视野，又更新了观念，在浓郁的研究氛围中构建起研究共同体，改进课堂，有效教学，提高教育教学质量，促进教师专业成长，推动学校可持续发展。

（三）邀请专家指导培训

学校经常邀请上海市教育科学研究所的专家、学科教授和兄弟学校的名师、名班主任到学校指导，与老师们座谈、面对面答疑、点对点培训，为教师成长指引方向，提供理论支撑。

总之，同伴互助是学校倡导的一种新的教师学习方式，为培养教师间的情感、促进团队共同发展提供了保障。作为一线教师，主动参与其中，努力实践探索，提高对班队管理工作的认识，形成自己的教育特色和风格是我们努力的方向。

（执笔：李静静）

智慧众筹 4 - 5　温馨教室暖人心

教室是学生学习知识、开展活动、人际交往的主要场所，一个教室的环境和文化氛围会直接影响到学生的学习生活。整洁、明丽、温馨的教室环境容易给人营造良好的心境，催人奋进。因此，温馨教室的建设相当重要，它是滋润学生茁壮成长的养料，是一种潜移默化的教育过程。温馨教室是一种民主、温馨、和谐、具有高品位特点的育人环境，营造温馨教室的实质是增强班级的凝聚力，体现师生和谐、生生和谐。在温馨教室的建设中，我主要从两方面入手，外在要有温馨、舒适的班级环境布置，内在更要有温馨、和谐的氛围、文化和班风。

一、打造整洁、温馨的教室环境

一个班级的教室环境对学生的熏陶是潜移默化的，对学生的成长起到了举足轻重的作用。

凌乱肮脏的教室给人的感觉是很不舒服的，试想，大部分时间都在这样的教室里，学生卫生习惯能良好吗？因此，在建设班级硬环境的过程中，我做的第一步就是"净化"教室，保持学习环境的整洁。每日我会请学生主动清理桌面和桌肚，主动捡起地上的垃圾，做到窗台无积灰、地面无垃圾、课桌摆整齐、物品放规范。一年级学生刚入学时，不会打扫，每天放学后我就自己动手把地扫得干干净净，把桌椅排得整整齐齐。待第一个月的学习准备期过后，我安排了值日表，分工到人，手把手地教值日生打扫。平时在课前课后看到问题，先自己动手，再提示学生注意，言传身教，以身作则。接着，利用教室中现有的空间精心布置。教室门口是中队名牌，有中队的口号、公约、集体照等信息，让每个孩子对我们班级都有一种像家一样的归属感。走进教室是一块"常规栏"，张贴了课程表、值日表和作息表，让学生在教室中能明确时间和课程安排。教室后面是"成长园地"和"雏鹰争章"，根据每学期的要求，我会在"雏鹰争章"栏里布置好相应的争章图片和名称。"成长园地"是重点布置的版块，第一学期刚开学时，为了营造温馨的氛围，我设计了一个小房子，把每个学生的照片裁剪后张贴进去，并取名为"我们都是一家人"。平时根据需要，我也会把学生的优秀作品、活动照片等内容布置进去。学生们对"学习园地"的关注很多，当发现自己的照片或作品时都露出了笑容。另外，"图书角"和"绿化角"也给教室增添了温馨的氛围。这样的布置为学生营造舒适、温馨的学习环境，相信每个孩子都会感受到家的温暖。

二、营造和谐、温馨的人文氛围

人文氛围就是人的活动，简单讲就是学生的精神培养。

首先，紧抓班风，营造和谐的班级氛围。要让每个学生都能感受到"我是班级的主人，班级是我的家"，那么制定一个共同努力的目标是极为重要的。我们班由于男生占比多，而且活泼好动的、性格特殊的也多，鉴于班级的基本情况，我给中队命名为"大雁中队"，"守纪有序，团结互助"是我们的口号。作为班主任，我希望每个学生能遵守纪律、有序活动、团结一致、互帮互助，我们的班集体能像大雁那样有序团结。有目标的班级管理是建设良好班风班纪的前提，而良好的班风班纪又是营造温馨氛围的基本保障。目标的制定只是第一步，如何贯彻实施才是关键。利用午会、班会等德育阵地，我经常向学生宣传班级队名和口号，先要让每个成员都了解自己"家"的名称和规则；在平时的教育教学中，有效结合学习内容和班级文化，把目标无形地传达给学生；利用日常事件加强班级文化的渗透，班级中每天都会发生各种各样的大小事情，作为班主任的我都要亲自解决，虽然繁琐而忙碌，但很多时候都可以成为教育的契机。

学生在校需要老师教育，在家就需要家长教育。家庭教育在孩子的成长过程中起着举足轻重的作用，对孩子的行为养成有着重要影响。班级中的家长也是一个不小的群体，每个家庭都有几个大人护着一个孩子，孩子间的矛盾导致家长之间争吵不断的事例并不少见。因此，我认为温馨教室不仅仅是有序和谐的班级氛围，班级家长群内的氛围也应该是和谐而温馨的。刚接手一年级，孩子是陌生的，家长是陌生的。为了营造新班级和谐的家长群，我做了以下努力：在第一次家长会上，我把班级的中队名和口号告知了所有家长，表达了对良好班级环境的期待，并对家长提出了"有话好好说"的要求。在今后的学习生活中，班级内学生之间肯定会有摩擦、有磕磕碰碰的事情，我希望大家能和和气气地解决，家长给孩子做个好榜样。另外，在组建班级家委会时，我也向家长们表明家委会成员不仅要有服务意识，也希望是自身充满正能量的。报名的家长不少，在选择时我也会着重关注家长平时在群内的言论，然后再综合各方面情况决定。一个多学期下来，家长之间从没有过争论，班级的家长氛围和谐，让我感觉挺温馨的。

其次，用心构建，营造良好的人际关系。班级人际环境是一种高级形式的班级文化，包括师生关系、生生关系。和谐的人际关系不仅有利于教师教育学生，也有利于营造和谐的班风，形成良好的学风。如果班主任与学生、任课老师与学生、学生与学生之间都能相互理解、团结帮助、平等友好地相处，那么就能形成一种使人奋发向上的氛围。面对学生，我们秉持学校微笑教育理念，做到给学生的微笑和鼓励多一点，课堂教学上让学生表现和施展才能的面广一点，面对学生的错误宽容一点……和谐的师生关系需要一点一点的积累。

在班级管理中，我经常引导学生要友善地对待同学，宽容别人的小错误。对班中的一些行为、学习困难生，我从心理上与他们沟通，让他们树立起自信心，让他们觉得"我能行"，并及时做好教育引导工作。比如：我们班两个有点特别的孩子——小郭和小程，一个言行经常失控，一个社交困难。开学前我就大致了解了他们的情况，所以对他们特别关注，教育他们的方法不同于其他学生，处理发生在他们身上的事情时会多考虑两人的特殊情况，与他们家长沟通交流得也更频繁。慢慢地，他们对班级造成的负面影响越来越小，班级的人际关系越来越和谐。

最后，健全制度，营造自主的管理机制。俗话说得好"没有规矩不成方圆"，在接手这个班级之后，我做的第一件事就是向学生明确什么该做，什么不该做，错了就要承担后果。该做和不该做的一般是一些小事，如课桌椅要排整齐、不能乱扔垃圾、及时准备上课用品等等。事情虽小，但不容轻视，细节往往能反映出学生的各种习惯。"勿因善小而不为，勿因恶小而为之。"低年级的孩子是非观念不太强，规则意识较弱，正是需要给予正确引导和教育的时机，所以制定出一些行之有效的规章制度是班级文化建设的一个重要内容，小学生行为习惯的培养主要是靠简单的重复和有意识的练习，良好行为习惯的培养过程能使学生保持不断进步的心理预期和自我教育的动力。

苏霍姆林斯基说过："真正的教育是自我管理。"为了激发学生的自我管理和自我教育，在班级纪律趋于稳定的基础上，我采取了"今天我当值"的日常管理措施，即同学们轮流值日，每天由三位不同的"小老师"各负其责，管理班级的纪律、同学的行规等。但三位"小老师"也要接受全班同学的监督，他们在管理中的公正性和称职程度是由大家给出评价的，这样极大地调动了学生参与的热情和积极性。另外，班干部是协助班主任管理班级的重要帮手，更是学生自主管理的主力军。因此，班干部队伍的组建和培训也是温馨教室建设工作中的重要内容。

三、开展快乐、温馨的班队活动。

班级活动是在班主任的指导下，有目的、有计划地为实现班级教育目标而举行的各种教育、教学实践活动。

开展内容广泛、形式多样的活动，可以促进学生之间彼此尊重理解和相互协作，增进彼此友谊，进而升华为集体感情，这对于温馨教室的创建也有着积极的促进作用。我们的活动很丰富，深受学生们的喜爱，有结合传统节庆日的主题班会活动，如迎新、清明祭英烈、浓浓中秋情、感恩妈妈、学雷锋；有涉及安全的主题活动，如消防安全、交通安全、生命安全；有提升学生综合素养的丰富活动，如心理健康教育活动、踢跳活动、篮球嘉年华。学生们在活动中学习知识和技能，收获经验和道理，感受快乐和温馨。

温馨的教室让学生更有归属感,温馨的氛围让班级更有凝聚力,温馨的活动让集体更上一层楼。温馨教室,温暖你我!

（执笔：刘菲菲）

第 5 个密码

课题研究：让教师成为研究者

每一个孩子都是一本精彩的书，每本书都有其自成一体的体例，每一次教学都是一场智慧共生的过程，读懂孩子这本书，是教育教学每天应该研究的事情。不断砥砺真正必要的东西，下决心剔除不必要的东西，可以说这是教师应该追求的工作和生活方式。把视角聚焦儿童、聚焦课堂、聚焦教与学的方式，教师就能发现自身的价值，用专业知识支撑教育行为，用科学态度和方法重构课堂，就产生了课题、研究和成果。在行动中研究，在研究中提升，在提升中满足，相信每位教师都能成为研究者。

课题研究，对很多教师而言，都是个难题。说到课题，一线教师总感觉遥不可及。苏霍姆林斯基曾说过："如果你想让教师的劳动能多获得乐趣，使天天上课不致变成一种单调乏味的义务，那就应引导每一位教师走上从事教育科研这条幸福的道路上来。"

　　对于教育大家的观点，相信每一位课题研究成功的教师都深有同感。课题研究是提高自己教育理论水平、教学实践能力的最佳途径。开展教育科研，是教师专业化发展的必经之路。教育科研有助于教师形成新的教育理念并落实在教育教学行为中。如果一名教师不参与教育科研，那么他充其量不过是一个教书匠。作为教师，如果不研究学生，不了解学生的个性、特点和学习需求，怎能做到因材施教？教学与科研是教师专业发展的两个关键要素，以教学为基石、以科研促发展，是教师专业成长的有效途径。

　　但是，一线教师在课题研究时常常手足无措，不知如何选题、研究、撰写课题研究论文。此时需要我们转变观念，由"怕科研—做科研—爱科研"的路径慢慢转变，并积极投入到科研中去。课题研究中我们收集文献资料，问题即小课题，制定研究方案，在平时的教学中坚持写教育案例，获得第一手研究资料，研究教学中的课例，不断地总结与反思，最终开展交流与分享，正所谓"汇集体之力量，出科研之成果"，让教师成为一个对研究充满热情、懂课题、会申报课题、会研究课题的研究者。

一、把握文献，占据研究前沿

　　通过对文献的学习，既可提升自己有关教育、教学的理论素养，为课题研究寻找到理论支撑，也能从中找到课题研究的基点。课程标准是指导教育工作的理论依据，也是新的教育观念、理论在学科中的具体反映。就目前来说，《中小学语文课程标准（试行稿）》是有必要反复学习的，它能使我们以最快捷的方式汲取课题研究的理论知识，了解课程的最新发展趋势。新课程改革的推行，意味着不管是什么学科，不管用什么教材，我们都要以新的教学理念、新的教学方式投入到这场教育革命中。因此，了解整个课程改革的目标和背景、了解新的教学理念和策略是我们课题研究的方向。再忙、再累都要阅读课标，从新的课程理念、目标、内容、评价等方面寻找到自己课题研究的依据。当确定了研究的课题后，一定要去收集别人关于同类课题的研究资料，学习他人经验。这样，我们才能了解自己所做的课题是在什么层面上：别人在这个问题上已经做过哪些工作？解决了哪些问题？还有什么需要我们去研究的？他们是用什么方法研究的？结果是否科学？了解别人研究的程度，一方面可以让我们根据自身的特长、能力有选择地进行具体的研究；另一方面可以避免"撞车事件"，重复别人老路，造成精力、物力上的浪费。

文献收集，可以使研究更有宽度；同伴互助，可以使研究更有广度；专家答疑，可以使研究更有深度。站在巨人的肩膀上，才能看得更远，前进得更快。

二、以小见大，确定研究选题

选题至关重要，因为它为课题研究规定了方向和范围。许多教师最初选题很宽泛，以致课题无法立项，最后不了了之。常言道：优秀的老师都是教育、教学的有心人，细微之处就能挖掘科研的种子。所以，课题研究要从小处着眼。小课题研究是教师从教育教学中的小事、小现象、小问题入手，以小见大，对教育教学中遇到的问题，通过讨论确立为小课题，开展实实在在的研究，以解决教育教学改革过程中出现的问题，其目的是实现教师的专业成长，提高教育教学质量。

三、制定方案，保证实践可行

一个详尽的课题研究方案，是课题研究成功的保障。曾不止一次听科研室的专家说:"课题方案制定好了,课题也就做好了一半。"一位区教研室的教研员在做报告时说,他曾经花了整整三个月的时间来写一个课题的方案。专家写一份课题方案尚要"如此",可见,方案的制定在课题研究中的分量了。那如何制定方案呢? 首先,明确课题的名称及其研究的意义。其次,明确研究内容,确定其可操作性。其中研究内容的制定是至关重要的,它是课题研究的主要组成部分。制定了详尽的课题方案,可以使课题研究之路顺畅很多。①有助于课题有序地进行。一个详尽的课题方案,少不了课题研究的步骤。课题研究步骤主要分准备阶段—实践阶段—总结阶段,这三大时间版块的制定,确保了课题有序地进行,帮助研究者明确每个时间段主要做什么事。②有助于课题的操作。落实一个详尽的课题方案,也少不了课题研究的内容和策略。因此,课题研究的内容、方法的制定越详细越好。课题研究的方法有观察法、调查法、行动研究法、教育实验法等。如果在课题方案里详细计划好,那么,在课题研究开始就有章可行了。③有助于课题的反思。制定一个详尽的课题方案,更少不了课题研究的目的。课题研究目的的制定,给我们进行课题反思提供了依据。

四、细心捕捉,坚持教育随笔

教学是一种实践行为,教研是一种理论研究,教师写随笔就是一种反思,从实践走向理论,做教学中的有心人,只有这样,我们对教育、对学生的认知发展规律、对学科理念的把握和理解才会更深入,才会在课题研究中真正有所发现和收获。撰写案例可以使教师经常处于反思状态,加快专业化发展的步伐。美国学者波斯纳提出了著名的教师成长公式,即教师成长 = 经验 + 反思。教学案例研究是运用教学案例作为典型引路,启发研究者或学习者创造性地思考当前教育中的一些问题,为教育研究寻找切入口和研究路径提供有力的帮助。它作为课题研究的一种方法,是促进研究者们转变思维方式的一种积极方式,能使教师乐于发现自我,发现和记录教学活动中的问题,在换一种眼光寻找和解决问题的过程中不断成长。

五、研究案例，奠定研究基石

案例学习的好处是让人有身临其境的感受，在课题研究的过程中，我们通过案例的研究，进行模拟或者重现课堂教学中的一些场景。教学中既可以通过分析、比较，研究各类成功或失败的管理经验，从中抽象出一般性的管理结论或管理原理，也可以通过自己的思考或者他人的思考来拓宽自己的视野，从而丰富自己的知识，为研究奠定基石。

六、充分交流，提升合作效度

课题研究需要一个研讨的氛围，需要理论、实践的指导。一个人的能力是有限的，课题研究的确需要群策群力。当然，课题最终是否成功，还是要得到专家的认可。因此，做课题时，要找教研员、科研专家沟通，尽可能得到他们的指点，使研究的课题更具有严密性、科学性。同伴的互助不仅是流于纸上，更在于研究时付诸于行动。如今，我们更应摒弃单打独斗的模式，更需要学科之间、教师之间相互合作、相互切磋、相互融合。我们常说：众人拾柴火焰高。教师科研的方式多为行动研究，在研究中，教师如果能进行互助，将不同的思想、观念、教学模式、教学方法进行交流与总结，可以最大限度地拓宽研究者的思路。把科研中提炼出的观点或经验在同伴中进行广泛实践，有利于经验和观点的完善。同伴的互助有利于促进创新教学模式的改革，推动科学教育的发展。通过科研这个平台，协调合作，经验分享，互相学习，彼此支持，达到共同成长的目的。

总而言之，坚持写教育随笔、教育教学案例，做好日常积累；注重选题，参与小课题研究，以小见大；研究文献案例，站在巨人的肩膀上前进；制定详细的方案，保证实践的可行；充分的交流，提升合作有效性，这些都是课题研究的主要方法，教师要在研究中成长，从事的教育才会是幸福的。

（执笔：袁鹰）

⚑ 实践智慧 5 - 1　拉近教师与课题的距离

以前没做课题时,我总觉得做课题是很难的,应该是专家们做的事。我作为一线老师是没有能力、也没有时间去做的,因为一线教师要忙于备课、批改作业,还要处理学生和家长的各种矛盾,完成各种各样的任务。怎么会有时间再去做课题研究呢? 一提到做课题,老师们都很头痛,不知道怎么开始,怎么实施,怎么结束。更何况,头两年的教师生涯中,真的不知道怎么去做课题。后来,我把每天遇到的问题,用自己的方法解决了,时间一长,一些成功的、失败的做法都留在了我的脑海里。如果能记录下来,这就是一个很好的课题研究的开始。

回顾自己做课题的历程,课题研究并没有我们想象得那么难。有道是:问题即课题,教学即研究,效果即成果。其实课题研究就是在一定理论指导下,有计划地开展我们的日常教育、教学工作,并在工作中不断地反思,改进自己的工作方式,从而提升自己的教育理念和教学水平。我发现如果能在课题研究的三步骤中关注到四个要点,即"problem"、"passion"、"plan"和"persist",课题研究就不会太难。

一、"PROBLEM":把握"真"与"实",提出真实而有价值的问题

课题研究大致分为三个步骤:1. 准备阶段;2. 实施阶段;3. 总结阶段。而选题是准备阶段的重中之重,我觉得选题要先有问题意识,我是这样做的:(1)列出遇到的所有问题。(2)分析这些问题的相互关系,确定问题的轻重缓急,找出最头痛的问题,找

出最急需解决的问题。(3)分析问题的真伪,透过问题现象找到问题的本质。

在刚进入课题研究时,有经验的老师告诉我选题是非常重要的,因为它为我们的课题研究规定了方向和范围。我一开始总把课题选得很宽泛,导致我后来课题无法立项,最后不了了之。很多次推倒重来,令我沮丧不已。但我不想就这样失败,在哪里跌倒,就在哪里站起来。我常常反思,应该确定怎样的课题才能比较好地开展课题研究呢?这一次,我结合学校正在开展的项目,把自己平时碰到的问题列出来:1. 语文学科和什么学科可以互相整合?2. 绘本阅读对小学生语文核心素养的提升有何用处?学校的发展规划项目是跨学科整合研究,我以此梳理问题,分析这些问题的相互关系,透过问题现象找到问题的本质,寻找一些行之有效的方法。随后确定自己的课题:基于提升学生学科核心素养的小学拓展、探究学科与语文学科间的整合研究。就这样,我开始了课题研究的漫漫长征路。

2016 年学校要求每位老师做一个关于学科整合的小课题研究,在此之前,学校正好派骨干教师去某小学观摩他们的课程实施,带回了很多宝贵的经验,为课题的开展埋下了种子。我常年从教低年级语文,对绘本阅读教学也有自己的一些心得体会。在 10 年的教学中,我积累了一定的语文教学经验,这样一来,我就能结合学科特点,找到语文与拓展型课程之间的契合点。跨学科主题教学是一个全新的课程整合行动,我那时非常希望自己的课堂教学有所突破,为其他教师们提供有价值的经验,从而丰富学校的课堂教学内容,深化一线教师的课堂教学理念。希望能从实践中提炼经验,丰富自己教学主张的课堂模式。正巧,那年学校正要开展跨学科的整合研究,我马上报名参加了"跨学科整合项目",并参与了"生命与成长"的主题实践研究,为学科整合的小课题研究积累研究经验。

正是这样,从问题着手,在每一次的教学和反思中列出一些真实有价值的问题,再把一些可行的方法运用到课堂中去,长此以往,自己的教学主张渗透进教研课,教研课围绕着学校的"跨学科整合项目"设计,为小课题的研究埋下种子。

二、"PASSION":把握"课标",落实"评价",为课题打好理论基础

确定好了课题研究的方向,确定了课题研究的主题,接着就是申报立项了,在这之

前,教师必须查阅许多相关文献资料,对所选题目进行进一步的了解。这样可以提升自己的教育、教学的理论素养,为做课题寻找理论支撑,也能确定好课题研究的基点。在确定选题后,我在2016年年初查阅了20篇有关的文献资料,在有限的时间里获取最大的信息,上网查阅是最快的方法。

在查找文献资料的过程中,教师最不缺的就是对教育的一种热情了,即"PASSION",怀着对教育的执着,我又学习了《上海市中小学语文课程标准(试行稿)》,它是指导我们教育工作的理论依据,也是新的教育观念、理论在学科中具体反映。就目前来说,"新课标解读"是有必要反复学习的,它能使我们以最快的方式汲取课题研究的理论知识。了解整个课程改革的目标和背景,了解新的教学理念和策略,是我们做好课题的方向。从新的课程理念、目标、内容、评价等方面也可以寻找到我们课题研究的依据。在之后的教学案例的整理过程中,我发现我就是在研究《上海市中小学语文课程标准(试行稿)》的基石上开展我的小课题研究的。新课程理念下,"真正的教育不是'告诉',有意义的知识并非是教师手把手地教给学生的,而是学生在具体的情境中通过活动体验来自主建构"。

在新课程理念的引领下,我尝试在绘本中挖掘教育元素,找到学生的兴趣点,开展动手实践和亲身体验的主题探究活动,让学生走入对生活及周边事物的观察与探究中,引导学生逐步养成细心观察身边事物的习惯。除了研究《上海市中小学语文课程标准(试行稿)》和《小学低年段语文学科基于课程标准的评价指南(试行稿)》,我还查询国内外优秀教师对同类课题研究的相关成果。从课题提出开始,就保持着对教育的一份热情,即"PASSION"。这样一来,我们能了解:自己所做的课题是在什么层面上?别人在这个问题上已经做过哪些工作?解决了哪些问题?还有什么有待我们去研究的?他们用什么方法研究的?结果是否科学?正所谓,"知己知彼,百战百胜"。站在前人的肩膀上做研究,为的是打好基石,做好理论准备,形成自己的课题研究的思路。

三、"PLAN":把握"时间节点"与"阶段性目标",保证课题顺利实施

有了充分的准备工作,才能保证课题的顺利实施。在实施的过程中,定计划是很

重要的,即"PLAN",我把时间节点和能达到的目标列出来,这样对课题研究来说更有目的性。计划定得越是具体,对课题的实施和结题越有帮助。

以我自己的课题为例,我是这样规划的:课堂、课例、课题、成果四步走。2016年3月,执教跨学科整合的语文学科的研究课,与学校重点项目结合,完成小课题研究申报。4月,合作展示语文拓展教研课"寻龙记之龙",做好"主题式跨学科整合"课例和资料的梳理工作;9月和10月,参与学校主题式跨学科统整研究课的听评课和课例录像,拓宽研究视角,借鉴同行经验;11月,开始着手梳理基于主题的跨学科统整研究的实践经验,形成有价值的论文和案例两篇,并着手完成小课题的结题汇报工作。

实施过程即课题深入研究的过程。教师需要按照课题方案,有计划地开展研究工作,积累研究过程资料,建立课题研究档案袋。将常规教研与课题研究相结合,在教学、听课、评课过程中开展实践研究,从而解决问题,为课题的结题做好充足准备。

随着课题实施的不断推进,到了课题研究的结题阶段,我完成了两份研究成果:《挖掘绘本资源　丰富学生体验——寻龙记之龙》教学案例和《整合学科资源,丰富学生体验,提升学科素养》的跨学科整合研究的论文。

四、"PERSIST":反思回顾,积累提炼,持续改进教与学的方式

老师们常常会有这样的感受:虽然课题结题了,课题的研究告一段落,但是,理论的价值和意义决不仅仅那么简单和笼统,教育理论能够将老师个人的观点和具体的经验性信息整合为一整套的思维框架,使教师的认识更深刻、意蕴更博大、鉴别能力更强;教育理论还能赋予教育事实以意义,并将它们置于恰当的视角,作为读者的教师可以由此明确研究的问题,并以此为起点来反思自己的教育教学,从而寻找到产生问题的原因和解决或改进问题的方法。也就是说,让课题的研究成果展示推广,让更多的教师从中获益,从而推动教师的发展和学校的发展。课题的结束是一个新的起点。我们需要继续学习,让理论与我们一直相伴。正如著名教授叶澜说的:"一个教师写一辈子教案不一定成为名师,如果一个教师写三年反思有可能成为名师。"继续反思,让反思成为一种习惯,并不断改进教学。作为教师,要做一个有心人,不断积累,不断坚持,

即"PERSIST",记录每一次有意义的教育现象、记录自己每一次独特的感受、记录每一次自己的思考,把这一次次的积累当成一串串的珍珠串起来,那就是一条美丽的珍珠项链。

这就是我在做课题过程中自己的一点小小体会,课题准备时的"problem"意识,课题实施中的"passion"和"plan",课题结题后的"persist",为课题研究增添了一份别样的趣味,在做课题研究的过程中,关注到这四个点,就可以拉近你和课题之间的距离。

（执笔：李静娇）

⚑ 实践智慧 5 - 2 有一种研究方法叫"化零为整"

大凡有成就的教师,对教育都应当有独特的思想建树,而要形成独特的思想建树,必须深深地扎根于教育实践,并且对教育有深入的思考和研究。

作为一名一线教师,在上好课的同时,积极开展科研活动,是提高自身专业水平和能力的一个重要途径。课题研究是较为常见的一种科研活动形式。一说到课题研究,很多老师都会跟我一样,认为课题研究非常高大上,而且需要投入大量的人力、物力,课题研究的时间也较长,这应该是专家才能开展的研究。

2011 年初,我申报课题"小学英语单元整合设计对学生课堂学习有效性的研究",经过 2 年的实践探索,于 2013 年顺利结题,回顾自己做课题的历程,从"从无到有","化零为整",只想告诉大家,课题研究并没有我们想象得那么难。下面就我个人的行动研究历程,做一下回顾与反思。

一、文献研究"化零为整",提供理论依据

2011 年初,我加入了学校的科研小组,对当时还处于学习钻研课程阶段的我来说,课题研究简直就是遥不可及的事情。如何进行课题的选题? 如何开展课题研究?这一系列的问题都不知从何入手。

于是,我开始上网搜索各种课题资料,学习他人课题研究的经验。在教学中,留心观察,注重积累,结合朱浦老师提出的单元整体教学的新理念,确定了研究的点,即"小

学英语单元整合设计对学生课堂学习有效性的研究",通过努力,该选题被确立为区级规划课题。欣喜之余,不免产生了很多顾虑。因为之前自己从没独立负责过一个课题,对于如何开展课题研究、如何完成课题报告等毫无头绪。于是抱着"摸石头过河"的想法,开始了实践与探索。

在研究课题确定之后,就正式进入课题的准备阶段,要做的工作就是查阅与本课题有关的重要文献,对所选课题进行深入学习和分析。通过学习,既提升了自己在相关领域的理论素养,也为课题研究找到了理论支撑,确定好了课题研究的基点。由于"单元整体教学"这一新的教学理念大家都处于学习摸索阶段,因此需要大量理论知识的充实。于是,我们课题组成员认真研读了《义务教育英语课程标准》,建立全新的教学理念,关注学生情感,为学生构建发展的平台。努力将新观念、新思路渗透到英语课堂教学之中,真正做到理论与实践相结合。同时认真参阅各类理论书籍,丰富理论底蕴,为课题的研究实施提供强而有力的理论支撑。

二、案例研究"化零为整",强化研究目的

经过充分的理论学习之后,就要进入课题的研究阶段。课堂教学是落实理念、开展研究的主阵地,扎实有效地开展课题研究,关键是在课堂教学实践上下工夫。我们课题组结合单元教学目标,制定分课时目标,把握教材内容,整合教材,合理设计教学,以及对整合单元设计教学后学生学习的有效性进行评估。我们按照"设计—实践—评估—总结"的流程开展实践研究。

每学期开学之前我们就做好了本学期的研究计划,把课题研究与教学常规有机结合,开展了系列研修活动,重点是课例实践研究。在实践的过程中,围绕专题,开展集体备课、同课异构、一课多上、案例分析等教研活动。

我们将课题进行细化,各小组任选一个环节进行研究,再把各组研究的成果总和,创新出一个完整的教学模式。在备课前,全组分工收集与探究相关的理论、别人用过的方法,再结合我们打算用的教学策略进行整合,编成培训资料,对全体成员进行专题培训。备课时围绕主题,结合所培训的策略思考:如何进行单元教学目标分析? 如何运用

单元整合教学达成单元教学目标？单元整合教学如何进行作业设计？创新之处在哪里，采用什么策略，准备在哪个方面有所突破？观课的时候就要思考：我们这么设计，主题得到了怎样的体现，效果如何，突破了什么，课堂生成了什么？教者是如何处理的，是否得当，又出现了什么问题？课后反思也要结合研究主题谈体会，交流教师自己某些与众不同的做法、对问题的个性化的处理和想法等。大家在评课时同样要围绕主题进行：怎样体现主题？成功之处在哪里？不足在哪里？假如是我来上这节课，我的做法是怎样的？活动结束后，教师及时收集活动过程中的所有材料保存到课题研究档案中。

这样，通过课堂内真实的故事、教学实践中遇到的困惑的真实记录，并对这些"真实记录"进行分析研究，可以寻找规律或产生问题的根源，进而寻求解决问题或改进工作的方法。一次次的磨课、一次次的研究，为课题的开展提供了许多真实可靠的数据，为课题后续的研究提供了强而有力的实践支撑。

三、调查研究"化零为整"，促动教师反思

亲历课题研究过程，我们感受到，一种规范的课题研究不可能纯粹通过几次研讨或者几节公开示范课就能奏效，课题研究的真正有效性是体现在实践中，研究应该日常化。要特别注重平时的研究，坚持教研结合。

我们在研究的过程中，课题组成员坚持互相观摩研究活动，认真分析课题研究进展中的得与失，共同讨论研究中遇到的各类问题，努力寻求解决的办法。同时注重及时记录研究过程，有意识地对某个主题注意观察，捕捉与主题相关的事件，在教研活动中呈现信息或问题，大家展开交流，一同讨论解决问题。每一次的思考与交流就是教师对于自己教学与研究的反思过程，总结经验，扬长避短，这样不仅提高了教师的教学水平，同时也确保了课题研究的有效性。

四、经验总结"化零为整"，突出研究效果

课题研究让我们感受到，任何一种研究都要经历一个从初步认识到深入认识、从

认识的不成熟到逐渐成熟的过程。

教师要善于对发现的问题进行分析、比较、归类、综合、概括、推理、判断等思维加工，即对自己以及他人的经验进行研究和归纳，从中找出普遍的特点和规律，提高自己对问题的认识和把握。养成记教育日志的习惯，将自己每日的教育教学工作以教育叙事、教育案例、教育日记等形式记录下来，积累大量的教育素材，为自己的后续研究做好积累。善于将自己对教育教学问题思考的结果写成文字，将自己对这些问题的认识用语言表达出来，不断提升概括到理论层次和水平，这样既能够促进自己教育理论水平的提高，又能够对他人的教育教学产生积极的引导作用，真正达到课题研究的目的和效果。

随着课题实施的不断推进，我们课题组先后撰写了《整合教材，优化教学》、《巧妙整合教材，优化英语教学效果》、《整合教材资源，优化课堂教学》等论文。

通过一次次的钻研文献资料，深入课堂实践研究；经过一次次的调查研究和经验总结，我的课题于2013年顺利结题，并于2014年4月进行了课题成果推广活动。从选题之初的毫无头绪，到课程实施过程中的迷惘，再到课题推进过程中遇到的种种困难，期间也有拨云见日般的喜悦，每一个问题的解决都让我们感受到攀登的喜悦，结题过程中，总有意犹未尽的感觉。一个课题的诞生，从无到有，需要一个漫长的探索和积累过程，只有静下心来，才能弄通悟懂。在研究中反思，在反思中成长，持续深入地钻研，我们在研究中找到了乐趣。

（执笔：阙春燕）

⚑ 实践智慧 5-3 突破科研瓶颈的"四要素"

做科研,对于小学教师而言,往往存有胆怯、畏惧的心理。刚开始我对此也很抵触,总是以没时间、没必要等原因推脱。随着课程改革的不断推进,以及对自身的要求,我走上了做科研的道路。经过一年多的努力,我的课题"运用双向细目表在小学高年级数学教学中渗透数学史的研究与实践"被列为区级一般课题,我十分欣喜。但是,回想这一年多来所走过的路程,还是感慨万千。其中经历了选题时的迷茫,经历了撰写申请表时的无助,也经历了落选时的失落。现在反观这些经历,是我急功近利的心态、低效无用的研究方式、单打独斗的研究状态导致的。

刚开始做课题时,由于对科研的认识存在偏颇,缺少科学的研究方法和合理的组织架构,连课题申请书的撰写都有困难。研究过程中,只注重理论而脱离实际,总认为做科研就是写文章,把撰写论文当作是开展教育科研的代名词。认为只要发表文章就是科研的成果了。所以常常陷入了为了写而写,结果只能是东拼西凑,无病呻吟,没有独到见解,好不容易总结出一些经验,但是,由于脱离实际,这种研究是不深刻的,也是经不起推敲的。殊不知,缺少教育教学实践的科学研究只是"空中楼阁",完全偏离了教育科研的轨道,也失去了教育科研的价值。只有将文献研究、课堂实践和调查分析相结合,课题研究才有生命力。

这种迷茫、困惑和无助持续了很长一段时间,我不断反思,应该如何做科研呢,总是不得方法,成长的决心被残酷的现实羁绊住了。偶然的一次机会,我阅读了朱永新老师的《中小学老师如何做科研》一文,让我豁然开朗。文中指出,小学教师做科研必须要有恒心,要把握研究的四个要素：研究的目的、切口、方式和资源。

要素一：确立研究目的

我满腔热情回归科研之路,不断积累教育教学中的真问题,一下子变成了问题专家,课堂导入、合作学习、先学后教、课程设计、课堂评价……我感到要研究的问题很多很多,最后选择了当时最流行的研究方向：课程评价。我自信满满,觉得把握准了课改的脉络,迅速确立题目,做好方案,每天想着要快点完成、早出成果。但是。随着研究的日益深入和工作压力的增大,我的研究进入了深水区,尤其子评价维度上缺乏科学指导,总是不得要领,便逐渐滋生了畏难情绪,甚至觉得这个课题太难了,一线教师是研究不出成效的,也许换一个会更容易一些,总想着寻找简单的成效快的课题。短短的时间内,我就换了三个研究主题,但是,最终因自己不能坚持而放弃。当时的我只是为了赶时髦,为了迎合教育改革,成为了"急功近利"的"投机者"。我再次迷失在了为什么做课题的局里,凭着一腔热情却总不能静下心来。

我参加一个课题论证会,一位专家问课题组成员,你们为什么做这个课题,你们解决了什么实际问题？让我有种棒喝当头的感觉。小学教师做科研的目的是为了解决我们教学中遇到的问题。所以,任何脱离教学的研究都是空洞的,也缺乏研究的动力。课堂是教师教育教学的场所,也是教师产生困惑的地方。因此,我们应该学做有心人,从实践中反思理念、言论与行动,勤于聚焦和研究自己的课堂与学生,在教育教学中及时发现问题,寻找工作中存在的困惑,并提炼出有价值的研究课题。

于是,我开始细心观察我的课堂教学,每天记录其中的一个环节和过程,关于我的设计、关于学生的解题方法、关于例题设计、关于学生的学习策略,渐渐地我发现课堂上总有一些学生不能专心,但是当你把任务交给他们去完成时,他们变了;从前课堂效果不好,我一味地责备学生,还是得不到我想要的效果,但是当我不断鼓励他们挑战自己,组队研究,教会同桌算理时,他们就变了,课堂也变了。在一次区级公开课时,因为教学的需要我选择了一个数学史的小故事,借此来帮助学生理解教学内容,我发现学生对数学史小故事兴趣很高,课后围着我听故事,可见,他们对数学史的知识了解甚少,却很喜欢。我想着：何不尝试将数学史融入教学中,这样既拓展了学生的视野,又可以提高学生的学习兴趣,我着手搜集资料,提出课题的研究方案,确立课题:小学数学教学中数学史的渗透研究。这次我的课题申报成功了,我感觉自己也不再那么浮躁了。

要素二:找准研究切口

小学教师区别于其他研究人员,在时间和空间上都是有限的。所以,研究的问题一定要切口小、聚焦准。这里的"切口"指的是自己教育教学中的小问题、小现象、小策略等,并把所有的精力集中在这个研究点上,只有这样把握了重点,才能进行有深度的研究,研究才能有成效,才能起到改变教与学的方式、促进教师专业发展的作用,才能在科研中探索出学校和教师发展的正确路径。

例如,我刚开始先选定了小学数学教学中数学史的渗透研究,但是我发现小学数学教学内容众多,涉及了数学史的方方面面。另外,由于我教学的是四、五年级。所以我把重点放在了高年级,这个课题的切入点为:小学高年级数学教学中数学史的渗透研究。

要素三:丰富研究方式

在做科研时,切忌方法单一。对于一线教师而言,行动研究是最常用的研究方法,它主要针对教育实践活动中所遇到的问题。行动研究激活了教师的实践性知识,这是保持教师可持续发展的动力。在中小学教育科研中加入教育行动研究,一方面能够促使教师不断用理论指导自己的实践,另一方面也帮助教师运用实践的经验来修正自己的理论知识。可以说行动研究能够最直接地帮助教师提升自身的教育教学水平,因为行动研究的指向是解决实际问题。但是一个课题想成效显著,光凭这一个研究方式是不够的。在这期间,我们还根据研究需要,融入多种研究方式,如:观察法、调查法、历史法、比较法、统计法、实验研究法。各种方式并举,才能达到理想的效果。

利用调查法,了解小学高年级学生数学史的了解现状;运用统计法,对数据进行汇总与分析;通过观察法,对渗透数学史后班级学生的课堂表现进行观察。这些方法的并用,很好地找准了研究的重难点,在研究中取得了实质性的突破。

要素四：汇集研究资源

我常常想，做科研是自己的事情，就像课堂教学一样，这是一种个体行为。所以就闭门造车，导致无从知晓自己所研究的内容有何基础、有何进展。同伴之间很少进行沟通。虽然有课题组成员，但在进行分工后，都各顾各，很难拧成一股绳，难得聚在一起交换想法，共同商讨研究对策时，大家也以没时间、事情多等理由而草草了事。在单打独斗下，有时对所遇到的困惑苦思冥想，但是收效甚微，缺乏专家指导和团队支持，渐渐地我感到对做科研力不从心，慢慢地产生了疲惫感。再次翻看朱永新教授的文章，我的心平静了下来，实践研究需要理论支撑，理论与实践的结合才是检验真理的标准；用你的思想去跟同伴交换，你获得的是思想的源泉，身边的每一个同伴都是实践的高手。

1. 文献收集，研究更有宽度

人工智能时代，我们不缺乏知识，不缺乏思想，缺乏的是你获取的途径和对待它们的态度。教育科研想创新、想有所突破，就必须看得更高、看得更远。这就需要我们每位研究者站在"巨人的肩膀上"思考，节省下来的时间用在课堂与实践。这个"巨人"就是文献。通过对文献的收集，我了解了自己所做的研究项目的现状和目前研究的方向、研究的最新进展。通过对文献的整理，可以使我们少走弯路，避免重复研究。

我在做课题研究时，查阅了大量的文献，并对文献进行梳理与汇总。我发现，对于数学史在教学中的渗透研究，研究的教育阶段都是局限于中等和高等教育、研究的教材都是外省市的，没有沪教版的。可见对于沪教版小学课堂中渗透数学史的研究相当缺乏，其必要性显而易见。在研究内容方面，基本上都是论述了数学史渗透的重要性及根据教材如何有效地渗透数学史，而对于应该渗透哪些数学史的研究基本是空白。针对以上的研究现状，我选择了沪教版为研究版本，筛选出匹配的数学史内容，编制成双向细目表，从而确定讲述哪些内容、渗透哪些思想。根据学生的认知特点，量化了掌握的程度，编好每个数学故事，将其分解到国家课程的实施过程中。通过讲述数学故事，学习数学知识，应用于实际生活，让孩子们了解数学来源于生活、改变着生活、创造着未来。

2. 同伴互助，研究更有广度

同伴的互助不仅是流于纸上，更在于我们在研究时要付诸行动。如今，我们摒弃了单打独斗的模式，学科之间、教师之间相互合作、相互切磋、相互融合。我们常说：众人拾柴火焰高。在研究中，教师能合作互助，把不同的思想、观念、教学模式、教学方法进行提炼与总结，拓宽我的研究思路。同伴的互助有利于促进创新教学模式的改革，推动科学教育的发展。通过科研这个平台，通过协调合作、经验分享、互相学习、彼此支持，以达到共同成长的目的。在我的课题研究过程中，同伴互助体现得十分广泛，在收集数学史的过程中、在数学史渗透的策略提炼中，通过教师间的互相研讨和实践课的展示，使我们的研究思路更为宽广。

3. 专家答疑，研究更有深度

教师对教学实践的经验较为丰富，但是缺乏较强的理论功底，导致很多研究多流于表面形式，缺乏深度，总结出的经验肤浅不具备推广价值。所以，这时就需要我们借助学科专家扎实的理论功底，帮助我们提供研究的理论支撑。这样可以缩短探索周期，更快领悟到教学研究的本质，并能探究出教育的一般规律，从而有利于自身研究。

我在研究的过程，虽然罗列了数学史，但是发现同一个数学史的内容针对不同年级要求就不同了。在四年级，需要学生达到"了解"这一层次，但是在五年级就需要学生能从数学史中抽象出数学模型从而达到"应用"这一层次。那如何才能进行适时的区分呢？课题组内多次讨论后都没有得到好的解决办法，所以，我们邀请了区教研室的专家来校进行把脉与指导。专家就指出可以利用双向细目表，对数学史的认知进行分层，使得我们的研究又能顺利地开展下去，而且研究的成效也能更好地服务于教育教学。

科研并不是专家的专利，作为一名一线教师就要把科研作为一种思维方式、一种工作方式，我们通过实践发现问题，通过确立研究目的、找准研究切口、丰富研究方式、汇集研究资源这四要素来解决问题。爱上科研，让我们成为一名既仰望星空又脚踏实地的教育追梦人。

（执笔：黄志杰）

⚑ 实践智慧 5 - 4　在研究中生长出乐趣来

　　教学促研究,研究促教学。如果一名教师不参与教育科研,那么他充其量不过是一个教书匠。作为教师,我们如果不研究学生,不了解学生的个性、特点和学习需求,怎能做到因材施教? 教学与科研是教师专业发展的两个关键要素,以教学为基石,以科研促发展,是教师专业成长的有效途径。

　　在教育科研中,课题研究是我们一线教师专业成长的有效途径,但缺乏引领、缺乏理论性,使我们的研究和教学不能有效结合。所以在课题研究中应真正调动教师的研究积极性,让教师自主参与,发自内心地参与研究,在研究中生长出乐趣来,是我们在做课题中应该考虑到的。那么,作为一名小学教师如何开展课题研究?

一、坚持写教育随笔,积累素材

　　教育随笔具有自然性和情境性,使教师能够在其中记述教育事件的本真面目,反思教育事件的意义,思考如何在做教育中发展自我。比如,教师可以把每天的教育行为、学生个案的处理看成研究,在研究中学习,在学习中研究。

　　在我们学校,五年内的新教师每个月都会写两篇教育随笔,那么随笔的内容从何而来? 对于刚踏上工作岗位初出茅庐的我真的不知道该写些什么,后来看到了教育家李镇西老师说的一段话:"撰写教育随笔虽然是简单的叙事,可它却是教学实践过程的载体,记录着教学实践中许多细节,充满着教师的感情,记录着教师的心路历程,所以常写常新。也许就在那不经意的书写间,教师的幸福体验会慢慢增强,生活将不再只是备课、上课、批阅作业的枯燥与繁琐,而是充满了情趣与艺术、创造与收获的喜悦。"于是,我开始尝试着在上完课后,将当天课堂上的得失、与学生的交流、课后作业处理等以文字的形式记录下来;听同事上课时,不仅把执教者对课的整体把握、问题设计、课堂语言、师生互动、练习设计等内容记下来,更会记录执教者设计这节课的意图、评课者对这节课的优点与不足的评析,再根据自己对这节课的看法记录一些点评,从而探索出独具特色的教学经验和方法;参加学校或者区里的教研活动时,也会有意识地把有价值的内容和感悟记录下来,等到周末的时候再抽出时间将一周的工作做一个回顾和反思,后来这些记录成了我课题研究的教育财富。

教学是一种实践行为,教研是一种理论研究,教师写随笔就是一种反思,从实践走向理论,做教学中的有心人,只有这样,我们对教育、对学生的认知发展规律、对学科理念的把握和理解才会更深入,才会在课题研究中真正有所发现和收获。

二、撰写教育教学案例,梳理归因

什么是教学案例? 案例首先是一个故事。这个故事是一个完整的故事,是一个生动的故事,是一个有个性的故事,是一个真实的故事,是一个令人反思的故事。

2013 年我第一次执教区级公开课"在数射线上做加减法",这节课的教学内容比较单调和枯燥,而且面对的是活泼好动的一年级学生,如何讲清数射线的起点、终点、起跳点、跳了几个、往左(右)跳等概念是我在备课中面临的问题。后来与同组老师共同研讨、交流,经过教研员的点拨后,我有了自己的思考:根据学生的年龄特点和这节课的重难点,我在教学设计上可以大胆作一些尝试。采取"数学 + 活动"的形式展开教学,让数学教学在活动中进行。当学生学习了在数射线上做加法的过程后,采取小组合作学习的策略,大胆尝试着让学生自己探索减法的过程与方法,在合作学习和动手操作的过程中,有效地建立在数射线上做减法的数学模型。后来,通过这节课的成功体验后,我更加自信地在课堂上创设开放性的教学环境,营造积极的思维状态和宽松的思维氛围,努力保护学生的好奇心、求知欲和想象力,让学生在自己动手练习当中对所学的知识进行辨析、巩固、应用。我把备课中的思考、实践中的探索、教学后的反思写成了教学案例《在数射线上"变戏法"》，获得了区读书征文活动三等奖，并发表在了《新课程》杂志。

撰写案例可以使教师经常处于反思状态，加快专业化发展的步伐。美国学者波斯纳提出了著名的教师成长公式，即教师成长＝经验＋反思。教学案例研究是运用教学案例作为典型引路，启发研究者或学习者创造性地思考当前教育中的一些问题，为教育研究寻找切入口和研究路径提供有力的帮助。它作为课题研究的一种研究方法，是促进研究者们的思维方式转变的一种积极方式，能使教师乐于发现自我、发现和记录教学活动中的问题，在换一种眼光寻找问题的过程中不断成长。

三、参与小课题研究，理念落地

小课题研究是指教师从教育教学中的小事、小现象、小问题入手，以小见大，对教育教学中遇到的问题，通过讨论确立为小课题，开展实实在在的研究，以解决教育教学改革过程中出现的问题，其目的是实现教师的专业成长，提高教育教学质量。

2016 年我参与了学校学科整合小课题研究，并开展为期一年的数学和品社学科整合研究，实现了教育教学质量的提升，对数学和品社学科中常见的教育现象认真思考，深入调查，从中发现和形成颇有价值的研究课题。

（一）有价值的选题

小学数学教学大纲中明确规定，对学生进行思想品德教育是小学数学教学的目的任务之一。在教育教学工作中，教师不仅是传授新知识，更重要的是在传授知识的同时，要重视学生道德品质的培养，把学生的道德行为教育渗透到课堂教学及各项学科活动之中。在教学实践中，将数学学科与品社教学进行有效整合，把学生数学基础知识的学习和能力的培养与思想品德教育和谐统一，具有很强的操作性。因此，在选题时，我确立了数学与品社学科整合的小课题研究。

（二）科学渐进的研究过程

1. 明确研究目标与内容。小课题研究，教师要明确自己的研究目标和内容，知道自己要研究什么，从而突出研究重点，明确课题研究要达到的阶段性和最终目标。

2. 写好研究方案。明确了小课题研究的目标和内容之后，我确定了研究的目的和意义。

3. 收集资料。了解国内外对学科整合的研究现状、水平和发展趋势。

4. 确定研究的步骤。准备阶段：搜集有关数学学科育人价值的内容（对一年级下册教材和二年级上册教材中涉及育人价值的内容进行整理）。实施阶段：将搜集、整理好的资料与品社学科整合，撰写教案并制作课件（根据班级实际情况，将撰写好的教案和课件应用于课堂）。结题阶段：整理教学片段和教学反思，完成经验总结。

（三）潜心课堂的深度研究

首先根据确立的小课题，我搜集了相关理论知识，进行自主学习，寻找解决问题的有效方法。然后在课堂中有意识地将数学学科与品社学科中的育人价值进行整合，通过多次课例实践发现，数学与品社学科的整合能运用在课堂中，但并不是每一节课都可以适用。

通过开展小课题研究，解决了我在数学教学中的问题，促进了我的专业成长，提高了我的教育教学水平，让我觉得这样的研究是有意义和价值的。

总而言之，坚持写好教育反思、撰写教育教学案例、参与小课题研究，是课题研究的主要方法，教育研究不是大工程，也是大工程，每个教师都可以尝试，而且会让你乐此不疲。

（执笔：马吉）

⚐ 实践智慧 5‑5　交给教师四把科研金钥匙

　　做课题研究,对很多教师而言,都是个难题。很多教师想做课题研究,却因为疲于教学而没有精力;很多教师想做课题研究,却找不到方法和门道,甚至连选题思路都没有;很多教师想做课题研究,却不能坚持下来。但是做课题、做研究,对于老师而言,却甚为必要,它有利于教师的专业成长,有利于教师解决教育教学中的一些困惑。

　　著名心理学家、教育家林崇德教授在 1985 年一次学术报告中提出"教师参加教育科学研究,是提高自身素质的重要途径"的观点。对此,我深有同感。做课题研究是提高自己教育理论水平、教学实践能力的最佳途径。去年 9 月,自己琢磨了两年的课题"小学语文中高年级习题讲评的有效策略研究"区级立项,这对我而言,无疑是莫大的鼓励,在课题研究过程中得到的收获,也将促使我的教学工作得到更全面的发展。总结自己在做课题过程中的感受,我想如果能在课题研究中确定这四个方向:"问题即课题"、"课标即素材"、"实践促整改"和"交流促提升",课题研究便事半功倍。

一、问题即课题,掌握打开选题之门的钥匙

　　在刚进入课题研究时,选题成了我最大的烦恼。然而,选题的重要性是不言而喻,因为它为我们的课题研究规定了方向和一定的范围。那么,哪里去找我们课题的灵感呢? 网络上的选题大都陈旧、过时,没有前瞻性;从教不过六七年的自己,积累的科研素材寥寥无几。正当自己毫无头绪、万般无奈之时,聆听了同组老师的一节习题讲评

课,思绪似乎一下子被打开了。常言道：优秀的老师都是教育、教学的有心人,细微之处就能挖掘科研的种子。

这节习题讲评课上,我发现老师的讲评方式依旧延续了惯有的一套方法:就题论题,试题之间无联系;评讲内容无重点;评讲从头到尾,缺乏激励和评价。结果就是,一堂课下来,老师讲得"口干舌燥",学生听得"枯燥无味",这与新课程理念相差甚远。然而,回想起自己的习题讲评课,似乎也是如此,扪心自问,这样毫无效率的习题讲评课有何意义呢? 带着疑惑与不解,我仔细翻阅了《上海市小学语文学科教学基本要求(试验本)》,并查阅了相关文献,结果发现:网络上关于小学习题讲评的文献资料很少,初中、高中的理科教学涉及的文献略多。这对我而言,显然是喜忧参半的:喜的是,研究的人越少,说明研究的空间比较大;忧的是,文献资料有限,能学习和借鉴的方法就有限。这该如何是好呢? 为此,我找了同组的老师一起商讨对策。

几周下来,我们几位老师再次共同翻阅了《上海市小学语文学科教学基本要求(试验本)》,其中一段指出:"评价的主要目的是全面了解学生语文学习的过程和结果,激励学生学习和改进教师教学。"语文习题讲评是语文教师在日常教学中经常要遇到的一类课型,是语文教学的重要环节,其主要作用是通过各类习题、练习了解学生一个阶段的学习状况和存在问题;另一方面是老师要引导学生关注学习的过程,关注学生在学习活动中所表现出来的情感态度价值观。因此,小学语文习题讲评有效策略的研究,对优化习题讲评的教学环节,提高习题讲评的质量,提高语文教学质量,培养学生的合作探究、创新思维都有着重要意义。我的选题终于应运而生。

二、课标即素材,找准通往文献之路的钥匙

选题确立后,要做的工作就是查阅与本课题有关的重要文献,对所选题目进行进一步的了解。如何查找文献资料进行学习,本章开头已经谈过,这里不再详叙。

作为教育新人,除了潜心钻研本学科课程标准,学习他人的优秀经验也是相当重要的。取他人之长补自身之短,我们根据自身的特长、能力有选择地进行具体研究。

三、实践促整改，把准制定方案之法的钥匙

一个详尽的课题方案，是课题研究成功的保障。曾不止一次听科研室的专家说："课题方案制定好了，课题也就做好了一半。"一位区教研室的教研员在做报告时说，他曾经花了整整三个月的时间来写一个课题的方案。专家写一份课题方案尚要"如此"，可见，方案制定在课题研究中的分量了。

课题方案制定中，最重要的莫过于研究内容的制定，它是你课题研究的导航仪。我的课题在制定课题方案时，也是整整花了半年时间。在我的课题中，研究内容的制定也是经历了一波三折。刚开始，我将研究内容划分为三个版块，即：小学语文中高年级字词类习题讲评策略；小学语文中高年级语句、语段类习题讲评策略；小学语文中高年级作文类习题讲评策略。上交后，科研员立刻看出了我的破绽，认为我的三个内容维度一致，只能算一个内容，需要合并，再生成一个内容。我立即找来了课题组成员，一起研讨协商，翻阅相关理论文献，结合我校教学现状，重新调整完善了研究内容，即：小学语文中高年级习题讲评的现状研究、小学语文中高年级习题讲评的策略研究。这才定下了自己的研究内容。接着选择合适的研究方法，确定研究对象和研究步骤，最后明确课题组成员分工及经费预算。

就目前我的课题研究进度而言，我发现制定了详尽的课题方案后，做课题之路顺畅许多。因为有了方案的支撑，我很快确立了课题研究的步骤。第一阶段——准备阶段：组建学校课题研究小组，明确分工职责。了解学生的知识和学习状况以及教师在试卷讲评过程中的实际教学流程，设计学生调查问卷和教师访谈提纲。收集整理国内外有关习题讲评有效策略的课堂实践理论文献和实践经验材料，博采众长，为课题研究的顺利开展做准备；采用文献研究法、调查研究法、案例研究法、经验总结法，对课题提出的背景、课题研究的内容和必要性进行全面的论证。开展有效教学策略的研讨活动，完成课题的申报工作。第二阶段——调整提高阶段：根据研究方案，进行广泛深入的调查与实践；注重课题研究的动态管理，认真分析、反思、交流，结合课堂教学实录，根据学生们在课题改进阶段的表现，编写个案集；再根据学生的学和教师的教，二

次编写问卷,调查并分析本校语文教学中高年级习题讲评的改变情况。最后,根据调整后的实施方案,系统分析、总结课题研究中期所得,完成阶段报告。第三阶段——总结验收阶段:以课题研究目标为标准,再次开展习题讲评有效性的调查问卷,与实验前作对比。对课题实验研究进行科学的分析与归纳,整理汇编各种研究资料,汇集课题研究的相关成果,形成结题报告,进行课题结题鉴定汇报活动等。三大时间版块的制定,确保了课题有序地进行,让研究者明白,每个时间段主要做什么事,可以如何更高效地操作。因此,在我看来,课题研究的内容、步骤制定得越详细越好,这样一来,不仅在开始做课题时有章可循,还能在遇到阻碍时指明前进的方向。

四、交流促提升,紧抓确保课题"致"胜的钥匙

　　课题研究需要一个研讨的氛围,需要理论、实践的指导。因此,我们在做课题的时候要主动地与科研室的科研员、同组的老师,甚至是不同学科的老师交流、沟通课题研究中遇到的困难,尽可能得到别人的帮助和支持。这样对课题研究的帮助会很大。例如,我准备在"针对我校中高年级学生在语文习题讲评中可能出现的一些问题"进行简单的问卷调查,在拟定了调查问卷后,我将问卷分发给了大家,组内成员们都积极地对方案的可操作性发表了自己的看法,并提出了建议,我觉得这对我的课题研究很有价值,也有助于问卷的完善,使相关研究内容操作起来更清晰。一个人的能力是有限的,做课题研究的确需要群策群力。当然,课题最终是否成功,还是要得到专家的认可。因此,做课题时,还要找教研员、找科研专家沟通,尽可能得到他们的指点,使研究的课题更具有严密性、科学性。

　　这就是我在做课题过程中自己的经验之谈,关注平时点滴"问题即课题,掌握打开选题之门的钥匙";明确学科标准"课标即素材,找准通往文献之路的钥匙";总结每次活动"实践促整改,把准制定方案之法的钥匙"、珍惜他人意见"交流促提升,紧抓确保课题'致'胜的钥匙",四者并驾齐驱,其实,做科研,并非遥不可及。

（执笔：黄晓艳）

后　记

本书的呈现,源于朱英校长的区级重点课题"特色学科建设的'三棱锥'模型及其应用研究"结题的后续思考:我们在长期的繁重的教育工作中,如何提升教师的职业热情,增长教师的职业幸福指数?我们从不同的角度、不同的模式、不同的样例等方面入手,去解读新型课堂复杂而密切的关联,尝试寻觅一条适合的、有效的、长期的教改之路。

因此,我们大胆提出了"小切口、聚焦式"的教师专业发展培训模式,通过课题研究这样一个抓手,思考学校新的发展增长点。

在整个研究和编写过程中,回忆这三年多走过的路:2016年5月10日,"'小切口、聚焦式'教师专业自主发展及其促进机制研究"完成文本的撰写,参加区级课题的申报;2016年10月11日,被立项为区级重点课题;2016年12月20日,进行开题论证会,部署课题研究任务;2019年5月9日,举行结题论证会,与会专家对课题研究的报告和成果提出了肯定和建议。

回忆云集,随风而去。在这个艰辛而幸福的过程里,我们一边进行教育行走,把这些年在一线上对教育的一些理解和思考、对教育的一些实践和架构,尽可能在更大的范围作一些交流和传播。

本书的编写,得到了上海市教育科学研究院杨四耕老师的大力支持。他悉心指导我们进行课题研究,对书稿设计提出自己的构思。

我们还要感谢书稿编写小组的成员,第一章由王燕负责编写统稿,第二章由韩燕敏负责编写统稿,第三章由朱英负责编写统稿,第四章由张明新负责编写统稿,第五章由袁鹰负责编写统稿,全书由朱英和刘思老师负责审校,另外课题组杨钢、张京芬、倪鹏老师也提供了大量的数据和素材。从课题研究开始到文稿的一次次修改,花费了大量的时间和精力。感谢全体编写人员,风雨无阻,坚忍而努力!在每一次的修稿过程中，让紫荆人铭记有这样一个集体：团结、刻苦、热忱、奉献！正因为有了这样的成员，才成就了书稿本身！

在书稿编写过程中，我们也在不断地反思：师德标杆有没有标准？智慧众筹的方式还有哪些？我们还有哪些更好的办法，提升教师的专业素养？这本书或许给我们在改革的进程中留下了一点足迹，希望在思考的过程中给教育带来一丝光，希望学校的每位教师能透过这丝光，成就自己，发展学校，造就优质的教育。

这本书稿是我们教育历程的心灵写照，也是我们在行走过程中留下的串串足迹，谨以此书记录！

袁鹰

2019 年 6 月

学校课程发展丛书

数学学科课程群	978 - 7 - 5675 - 9445 - 6	58.00	2019 年 8 月
科学学科课程群	978 - 7 - 5675 - 9593 - 4	34.00	2019 年 9 月
核心素养与课程设计	978 - 7 - 5675 - 9462 - 3	46.00	2019 年 9 月
语文学科课程群	978 - 7 - 5675 - 9441 - 8	56.00	2019 年 9 月
品牌培育与学校课程	978 - 7 - 5675 - 9372 - 5	39.00	2019 年 9 月
英语学科课程群	978 - 7 - 5675 - 9575 - 0	39.00	2019 年 10 月
体艺学科课程群	978 - 7 - 5675 - 9594 - 1	34.00	2019 年 10 月
跨学科课程的 20 个创意设计	978 - 7 - 5675 - 9576 - 7	34.00	2019 年 10 月
学校课程与文化变革	978 - 7 - 5675 - 9343 - 5	52.00	2019 年 10 月

品质课程实验研究丛书

学校课程框架的建构：HOME 课程的旨趣与架构

978 - 7 - 5675 - 9167 - 7　36.00　2019 年 9 月

聚焦育人目标的课程设计：红棉花季课程的愿景与追求

978 - 7 - 5675 - 9233 - 9　39.00　2019 年 10 月

核心素养导向的课程设计：花园式课程的文化与聚焦

978 - 7 - 5675 - 9037 - 3　48.00　2019 年 10 月

学校课程文化的实践脉络：百步梯课程的逻辑与架构

978 - 7 - 5675 - 9140 - 0　48.00　2019 年 11 月

学校课程发展策略：SMILE 课程的逻辑与深度

978 - 7 - 5675 - 9302 - 2　46.00　2019 年 12 月

聚焦内涵发展的课程探究：芳香式课程的理念与实施

978 - 7 - 5675 - 9509 - 5　48.00　2020 年 1 月

以儿童为中心的课程：欢乐谷课程的旨趣与维度

978 - 7 - 5675 - 9489 - 0　　45.00　　2020 年 1 月

学校课程深度变革丛书

进入学科深处的六个秘密	978 - 7 - 5675 - 5810 - 6	28.00	2016 年 12 月
新美课程：演绎生命之诗	978 - 7 - 5675 - 7552 - 3	48.00	2018 年 5 月
跨界学习：学校课程变革的新取向			
	978 - 7 - 5675 - 7612 - 4	34.00	2018 年 6 月
以学习为中心的课程实施	978 - 7 - 5675 - 7817 - 3	48.00	2018 年 8 月
聚焦学习的课程评估：L - ADDER 课程评估工具与应用			
	978 - 7 - 5675 - 7919 - 4	40.00	2018 年 11 月
学科核心素养与学科课程群	978 - 7 - 5675 - 8339 - 9	48.00	2019 年 1 月
大风车课程：童趣与想象	978 - 7 - 5675 - 8674 - 1	38.00	2019 年 3 月
蒲公英课程：综合实践活动课程的校本创意与深度			
	978 - 7 - 5675 - 8673 - 4	52.00	2019 年 3 月
MY 课程：叩响儿童心灵	978 - 7 - 5675 - 7974 - 3	39.00	2018 年 10 月
课程实施的 10 种模式	978 - 7 - 5675 - 8328 - 3	45.00	2019 年 1 月
聚焦式课程变革：制度设计与深度推进			
	978 - 7 - 5675 - 8846 - 2	36.00	2019 年 4 月
以素养为核心的学科课程图谱	978 - 7 - 5675 - 9041 - 0	58.00	2019 年 4 月
全经验课程：在地文化与实践演绎			
	978 - 7 - 5675 - 8957 - 5	54.00	2019 年 6 月

品质课程丛书

活跃的课程图景	978 - 7 - 5675 - 6941 - 6	42.00	2017 年 11 月

课程情愫：学校课程发展的另类维度

978 - 7 - 5675 - 7014 - 6   42.00   2017 年 11 月

突破大杂烩：有逻辑的学校课程变革

978 - 7 - 5675 - 6998 - 0   52.00   2017 年 11 月

课程群：学习的深度聚焦   978 - 7 - 5675 - 6981 - 2   45.00   2017 年 11 月

嵌入式课程：特色课程的路径和方略

978 - 7 - 5675 - 6947 - 8   42.00   2017 年 11 月

特色学校聚焦丛书

每一个孩子都是一棵树   978 - 7 - 5675 - 6978 - 2   28.00   2018 年 1 月

教育不是一个人的事："众教育"36 条

978 - 7 - 5675 - 7649 - 0   32.00   2018 年 8 月

不一样的生命，一样的精彩   978 - 7 - 5675 - 8675 - 8   34.00   2019 年 3 月

童味正醇：特色学校的文化图谱

978 - 7 - 5675 - 8944 - 5   39.00   2019 年 8 月

特色普通高中课程建设探索

978 - 7 - 5675 - 9574 - 3   34.00   2019 年 10 月

儿童是天生的探索者：360°科学启蒙教育

978 - 7 - 5675 - 9273 - 5   36.00   2020 年 2 月